Prologue

　サロン経営は人の管理が基本です。個人経営から法人経営、さらには複数店舗へと展開していくなかでスタッフの数が増え、それにともなう雇用や労働条件でさまざまな課題が生じてきます。

　かつては技術の修行のためと厳しい労働条件が当たり前のように行われてきましたが、最近では労働審判を突如申し立てられ退職や残業代について争うケースも見られます。また、労働組合から団体交渉を申し込まれ、トラブルの解決に相当な時間を費やすサロンもあります。こうしたトラブルのほとんどは、経営者が労働基準法や労働諸法令に関する知識が不十分なままサロンの運営を行っていることに起因します。

　特に美容師養成施設が2年制に移行して以降、美容師を志す若者の育ってきた環境は大きく変化しています。職業に対する考え方や権利意識も高まり、彼らとどのように向き合っていくのかも、サロンの労務管理の大きな課題のひとつです。

　本書では、こうした求人環境を見据え、個人経営から法人経営、さらには複数店舗への展開を志向するサロンオーナーが、最低限知っておくべきスタッフの労務管理の知識についてまとめました。

　美容室を開業し、順調に成長してきた矢先にスタッフとの間で労働トラブルを起こしてしまっては、経営に支障をきたしてしまいます。そうならないためにも、将来を見越して今何をすればいいのか？

　前半では、まず今取り組むべき課題についてポイントを絞り整理。後半ではサロンを運営していく上で最低限抑えておくべきルールについて、実際の就業規則のつくり方を参照しながらまとめています。また、女性が多い職業として考えておかねばならない労務管理のポイントや、スタッフの育成管理に効果的な「評価制度」の考え方についても紹介しています。

なるほど、そうだったのか！

人がやめない店づくり
美容室・はじめての労務管理と就業規則

CONTENTS

6 **Section 1** サロンが直面する5つの課題とその対策

6 **Subject 1** スタッフの採用が思うようにいかない・・・
- Approach 1　就職希望者が気にする雇用条件を把握する
- Approach 2　自サロンの「賃金と休日数」、労働条件を確認しておこう

10 **Subject 2** やっと採用できたスタッフが、すぐに辞めてしまう・・・
- Approach 1　新卒スタッフへの「フィードバック」を工夫する
- Approach 2　ゆとり世代の特徴を理解して、付き合おう
- Approach 3　効果的な「フィードバック」で、まずは信頼関係を築くこと

13 **Subject 3** 待ったなし、社会保険の未加入問題にどう対応する？
- Approach 1　行政の動きを理解し、対応を考えておこう
- Approach 2　必ず社会保険料の試算を行い、段階的な計画を
- Approach 3　業務請負契約は、まったく異なるサロン形態と考える

20 **Subject 4** 残業代の扱いは？　未払いトラブルはどう防ぐ？
- Approach 1　固定残業代を導入し、未払いトラブルを回避する
- Approach 2　歩合給の場合でも最低保証給と残業代の支払いが必要
- Approach 3　営業終了後のレッスンや練習時間の扱いを明確に

32 **Subject 5** 問題の多いスタッフにはどうやって対応する？
- Approach 1　遅刻が多く時間にルーズなスタッフにへの対応
- Approach 2　技術の練習やレッスンへの熱意に欠けるスタッフに対する喚起
- Approach 3　スタッフ同士の恋愛や異性問題に備えておく

40 **Section 2** サロンにおける労働トラブル事例に学ぶ

41 **Case 1** 解雇した元スタッフが解雇の無効と未払い残業代の支払いを訴え、争ったケース
46 **Case 2** 副店長が「管理監督者」かどうかを争い、未払い残業代を支払ったケース

| 52 | Section 3 | サロンに必要な就業規則の作成 |

53	Part 1	サロンになぜ就業規則が必要か？
55	Part 2	どんな内容を就業規則に規定するのか？
58	Part 3	サロンの実態に即した就業規則の考え方

| 64 | Owner Interview 1 | 宍戸光太郎／東京都大田区・AQUA FEEL代表 |

| 66 | Section 4 | サロンの就業規則の最重要項目とモデル事例 |

68	最重要項目-1	採用に関する規定
80	最重要項目-2	労働時間に関する規定
86	最重要項目-3	服務に関する規程
89	最重要項目-4	退職に関する規程
91	最重要項目-5	解雇に関する規程
95	最重要項目-6	懲戒に関する規定

| 100 | Owner Interview 2 | 宇野正之／埼玉県川越市・IMAGINE代表 |

| 102 | Section 5 | 女性スタッフが安心して働ける労務環境の整備 |

| 110 | Section 6 | サロンにフィットした評価とフィードバックの活用 |

巻末資料・サロンの雇用管理に活用できる助成金

Section 1 サロンが直面する5つの

最初に、健全なサロン運営を目指す経営者が今直面している課題を、
スタッフの採用や雇用管理を取り巻く側面からあげてみます。
これからサロンを開業しスタッフを抱えていく経営者にとっても、
先を見据えて避けて通れないテーマとして取り上げ、
その背景と解決に向けたアプローチも踏まえて紹介します。

Subject 1 | スタッフの採用が思うようにいかない…

↓

Approach 1 | 就職希望者が気にする雇用条件を把握する

Approach 2 | 自サロンの「賃金と休日数」、労働条件を確認しておこう

課題とその対策

> **Subject 1** | スタッフの採用が思うようにいかない…

Approach 1 | 就職希望者が気にする雇用条件を把握する

　美容業界に限らず雇用環境の変化は大きな課題です。ここ数年、サロン経営者からも「採用ができない」「採用広告は高い。だけど、我慢して費用をかけざるを得ない」「それでも思うようにいい人材が集まらない」など、求人や採用に関する悩みを数多くお聞きします。

　前提として少子化の影響もありますが、美容学校を卒業してもサロンに就職しないという困った状況が増えています。実際にネイルやアイラッシュなど、より専門的な展開をしている業種では、美容サロンより労働時間が明確で福利厚生も充実している場合が多く、保護者も就職先として安心するといった背景もあります。

　またサロンは今もなお徒弟制度が色濃く残っており、技術を先輩から「教わり」ながら日々研鑽していくという考え方が一般的です。若者が修行に名を借りた厳しい指導を恐れ、敬遠するケースもあるようです。18歳人口が減少しているなか美容学校の入学者も減少している背景も手伝って、新卒者の争奪戦は加熱しています。経営者としてサロンの成長を目指していく上でも、新卒者の獲得は避けて通れない大きな課題です。

　こうした課題を解決していくためにはまず、新卒者の採用にあたって、他の美容業界の労働条件がどうなっているかをしっかりと把握しておく必要があります。ライバルのサロンのことは気にしても、人材の流出先の他の業種がどうなっているのかを気にするオーナーは意外に少ないと感じます。

　サロンのブランディングは大切ですが、同時に自らのサロンの労働条件が働く側にとって魅力的かどうかも考える必要があります。就職を希望する側がまず考える労働条件は非常にシンプルです。参考までに、「美容と経営」2014年2月号で紹介された美容学校生の就職意識調査の結果を紹介しましょう。

Section 1　サロンが直面する5つの

Q1 サロンを決める場合の基準は何ですか？

一番気にしているのは「スタッフの雰囲気、対応」

こちらの質問は複数回答ですが、25%と圧倒的に「スタッフの雰囲気、対応」がトップです。やはり職場の人間関係を気にする最近の若者像が表れています。その次に多いのが「社会保険の有無」(13%)で、「賃金面」(12%)、「休日数」(11%)と続きます。これらの項目も最近の傾向ですが、学生本人の意向に加えて、「サラリーマンのご子息が多いので、両親が一般企業並みの雇用条件を意識している」という背景があるようです。

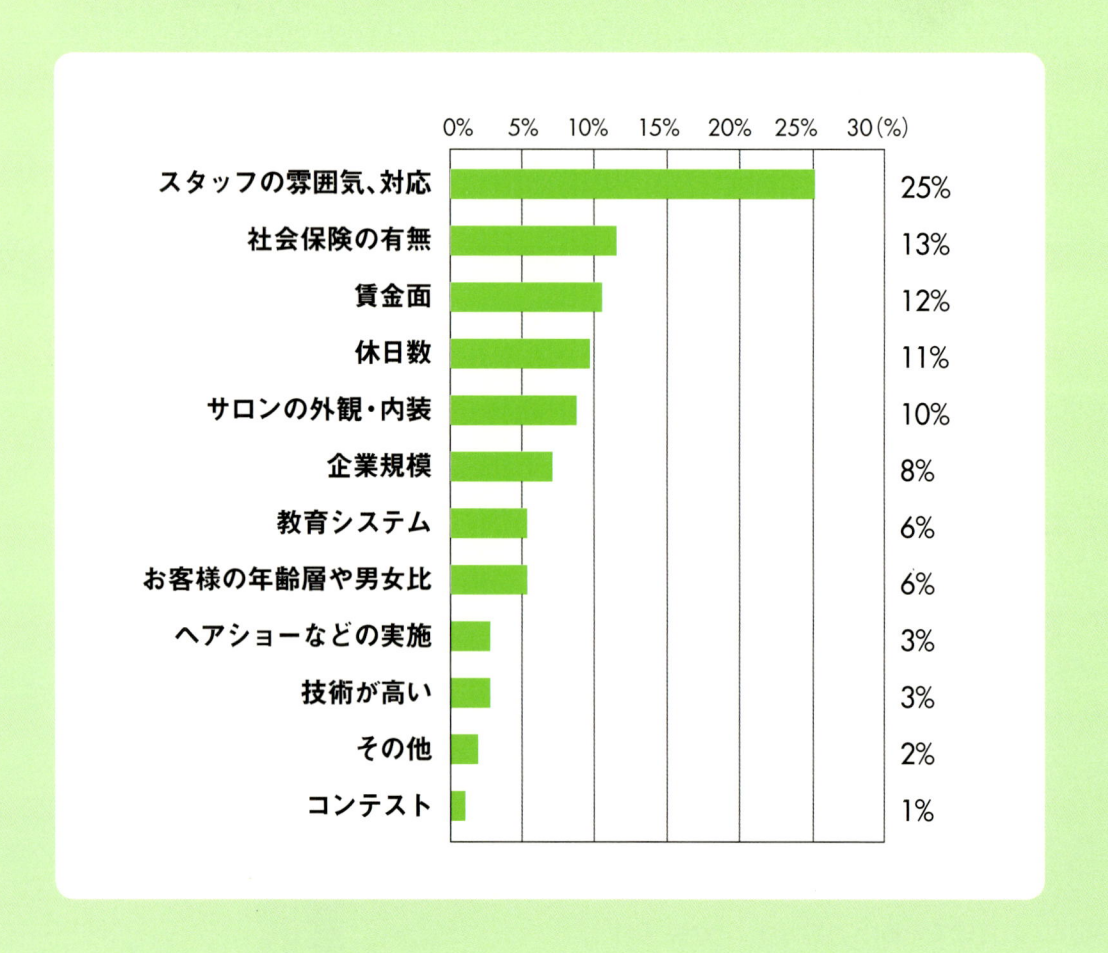

項目	割合
スタッフの雰囲気、対応	25%
社会保険の有無	13%
賃金面	12%
休日数	11%
サロンの外観・内装	10%
企業規模	8%
教育システム	6%
お客様の年齢層や男女比	6%
ヘアショーなどの実施	3%
技術が高い	3%
その他	2%
コンテスト	1%

「美容と経営」2014年2月号～「美容学校生の就職意識調査（国際理容美容専門学校調べ）」から

課題とその対策

吹き出し（求職者側）:
- 1日何時間働くの？
- 確実に休める休日は？
- 残業はどのくらいあるの？
- 社会保険に加入しているの？
- 給料はどのくらい？
- ボーナスはあるの？

吹き出し（オーナー側）:
- サロンの理念やコンセプト
- 社風やスタッフの雰囲気
- 店舗数や会社としての規模
- 技術やデザインが自慢
- 海外研修やヘアショー撮影などが豊富
- 技術のカリキュラムや教育が充実

いかがでしょうか？「スタッフの雰囲気、対応」が圧倒的で、次に「社会保険の有無」「賃金」「休日数」といった、経営者の頭を悩ます現実的な項目が続きます。学生が気にしているのはオーナーがアピールしたいこととイコールでないこともよくわかります。「うちのサロンはこんなにいいサロンなんだぞ」といくら言葉を尽くして説明してもむしろ反応は薄く、もっと現実的な視点でサロン選びをしているのです。

Subject 1 | スタッフの採用が思うようにいかない…

Approach 2 | 自サロンの「賃金と休日数」、労働条件を確認しておこう

では、こうした就職希望者にどう対応していけばいいのでしょうか？　まず手をつけなければならないのは「賃金と休日数」の比較検討を行うことです。例えば、現在、多くの美容室が定休日のほか月2日程度の休日を設けているかと思いますが、競合するネイルサロンやアイラッシュ専門店、また化粧品の販売会社などでは週休2日が主流になっています。休日が隔週2日と毎週2日で、賃金は同等となると、どうしても人材は条件のいいほうへ流れていってしまいます。新卒者を獲得するためには、休日数が他の業種と比較してどの程度差があるのか、そして、休日数が少ないにも関わらず賃金が同水準、あるいは下回っていないか、確認しておく必要があるでしょう。

Section 1   サロンが直面する5つの

求人がうまくいかない理由はいろいろ考えられますが、その一つが「労働条件」であることは間違いありません。「月6日の休日で初任給16万円」と「月8日の休日で初任給16万円」ではどちらを選ぶかは明白です。自社の雇用条件がほかのサロンや美容関連業種にくらべて優位性を保っているか？　もし、劣っているとすれば、その差を補う魅力をどうやって用意するのか？「採用が思うようにできない・・・」と嘆く前に、まず自店の雇用条件を再確認し見直して行くことが大切です。

Subject 2 | やっと採用できたスタッフが、すぐに辞めてしまう・・・

↓

Approach 1 | 新卒スタッフへの「フィードバック」を工夫する
Approach 2 | ゆとり世代の特徴を理解して、付き合おう
Approach 3 | 効果的な「フィードバック」で、まずは信頼関係を築くこと

Subject 2 | やっと採用できたスタッフが、すぐに辞めてしまう・・・

Approach 1 | 新卒スタッフへの「フィードバック」を工夫する

　少子化の影響もあって採用が難しくなっている現状に加えて、ここ数年特に目立っているのが、苦労してやっと採用した新卒のスタッフがわずかな期間で辞めてしまうなど、早期離職の問題で頭を抱えている経営者、幹部の方が増えていることです。お話を伺ってみても、「すごくていねいに接したのに、辞める原因がわからない」、「はれものに触るようにとても大事に育てているのに、どこが不満なのかわからない」などといった反応が多く、その原因もなかなかつかめていないようです。定着率がさほど悪くないサロンでさえ、新卒スタッフに限ってすぐに辞めてしまう例もあり、いかに定着させるかを真剣に考えています。

　では、なぜ今の若者は早期に離職してしまうのか？　重要なカギとなるのは、新卒で採用したスタッフとのコミュニケーションの取り方にあります。最近の若者は、人の評価をすごく気にします。物心がついた頃から簡単に情報が手に入るネット環境

課題とその対策

の中で当たり前のように育っています。常に誰かが誰かの評価をしている環境を身近に体験し、そのメリットもデメリットも実感しているため、「自らも他人からどうみられているのかをとても気にする」傾向にあります。この特性を踏まえると、サロンワークや教育の機会を通じて、日常的にしかもできるだけ丁寧に「フィードバック」をすることが求められてきます。

つまり、「自分がオーナーや先輩のスタッフからどう見られているかを、きちんと伝えてあげる」仕組みが必要になります。日頃のサロンでの業務に関しても任せっぱなしで放置するのでなく、定期的に相談や指導の機会を設けて、「まわりがこう見ている」と、しっかりフィードバックしていくことが効果的です。そのためにも技術の習熟度だけでなく、ふだんの仕事ぶりや行動に関してもきちんとした「評価項目」を作成し、それを判断基準に「できているか？ できていないか？」を常に明確に「フィードバック」しながら

コミュニケーションを重ねていくことが大切です。これができれば、スタッフが抱えている課題も明らかになり悩みも共有することができるため、サロンに対する安心感や帰属意識が生まれ、早期離職の防止にもつながります。

サロンの規模を問わず、新卒のスタッフがどう育っていってほしいかを具体的な行動基準と評価項目にまとめ、具体的に「フィードバック」していく取り組みが、サロンで必要な評価制度です。

Subject 2 | やっと採用できたスタッフが、すぐに辞めてしまう・・・

Approach 2 | ゆとり世代の特徴を理解して、付き合おう

早期離職への対応と関連して、「ゆとり世代のスタッフにどう接していいのかわからない」というオーナーが多くいらっしゃるのも事実です。そもそもゆとり世代とは、知識詰め込み方の教育に対する反省から、知識だけでなく経験重視型の教育を目指して始まったゆとり教育のもとで育ってきた世代を総称して呼びます。それだけに、彼らがどのような時代背景や社会環境の下で育ってきたかを考えておく必要があります。以下にいくつか特徴的な要素をあげてみます。

まずは、情報が瞬時にしかも大量に流通する「ネット環境」があげられます。物心がついた時にはインターネットの環境が身近にありました。仮想空間の中であふれかえる情報に触れながら育ってき

Section 1　サロンが直面する5つの

たため、自らの意志や考えが明確に定まっていないケースが多いとも分析できます。

また、ネット環境に慣れ親しみ、ネットの中での誹謗や中傷も目の当たりにしていることから、いつ自分がその対象になりかねないとも限らないとの警戒心も強く、ちょっとした発言にも慎重です。人とのコミュニケーションに対して臆病になり、なかなか自分を出せずにいるのです。こうした背景から、社会に出ても「クールである」とか、場合によっては「何を考えているかわからない」と片付けられてしまいがちですが、そうではないことを理解しておくことが必要です。

コミュニケーションが苦手な背景には、傷つきたくない気持ちが根底に宿っているかもしれません。積極的に声をかけ、会話をしながら丁寧に「あなたのことを理解しているよ」「きちんとみているよ」という意思表示が大切になります。

つまり、周りの自分に対する見方や評価がとても気になる世代でもあるため、逆に効果的な評価の仕組みを取り入れ、「フィードバック」を通して上手にコミュニケーションを取る工夫が必要になります。サロンの実状に合わせた「評価制度」と「フィードバック」が、ゆとり世代と向き合う基本です。

Subject 2 ｜ やっと採用できたスタッフが、すぐに辞めてしまう・・・

Approach 3 ｜ 効果的な「フィードバック」で、まずは信頼関係を築くこと

ここまでお話ししてきたとおり、スタッフに対する「フィードバック」が大切であることは理解していただけたかと思います。「フィードバック」の基本は、スタッフをどう見ているかという視点が大切になります。つまり定期的に、きちんと「どう見ているか」を伝え、「将来への期待」とあわせて伝えることが、重要な要素になってきます。

「サロンでの評価は技術以外にないじゃないか？」と考えるオーナーもいらっしゃるかと思いますが、技術は評価の一要素に過ぎません。大切なのはスタッフの行動に焦点を当てて評価を行うことです。つまり具体的な行動に対して「できる・できない」というシンプルな評価軸を用意して、「できていることがど

ういうこと」で、「できないことがどういうこと」なのかを丁寧に伝えてあげることが大切になります。「できる・できない」という評価軸で客観的な判断が可能になり、評価される側も混乱なく理解ができます。自分が今どういう状態なのかを、しっかり伝えることでモヤモヤがスッキリするのです。

ただし、注意しないといけないのが、最初は可能な限り「いい部分を褒めてあげること」を中心にフィードバックしてあげることです。できないことをあげつらい、叱咤するのは、盤石な信頼関係があってのことになります。まずは、「評価」と効果的な「フィードバック」で少しずつ信頼関係を築くことが大切になってきます。

課題とその対策

Subject 3　待ったなし、社会保険の未加入問題にどう対応する？

↓

Approach 1　行政の動きを理解し、対応を考えておこう

Approach 2　必ず社会保険料の試算を行い、段階的な計画を

Approach 3　業務請負契約は、まったく異なるサロン形態と考える

Subject 3　待ったなし、社会保険の未加入問題にどう対応する？

Approach 1　行政の動きを理解し、対応を考えておこう

平成26年7月4日（金）付けの日本経済新聞の一面に「厚生年金、加入逃れ阻止」という大見出しの記事が掲載されました。厚生労働省が国税庁に連携を仰ぎ全国約270万の納税企業のデータをもとに、厚生年金に入っていない中小零細企業など約80万社を特定し加入させる方針であることが紹介されていました。

来年度から日本年金基金機構が国税庁の企業データを基に税金を払っていて厚生年金保険料を払っていない企業を特定し、加入を求めていくそうです。加入しない企業には段階的に指導を行い、出頭を求めたり、立ち入り検査なども通して事業の実態や従業員数などを把握し、強制的に加入手続きを取らせます。来年から5年をかけて全加入を目指すことも明言されており、真剣にどうするかを考える必要があります。こうした行政の動きを考えると、もはや社会保険から目を背けることはできません。

現実に社会保険の加入督促は厳しくなってきており、東京都や埼玉県などはその傾向が顕著です。各年金事務所の「厚生年金適用調査課」から直接電話がかかってきて、担当官が訪問してくるケースが激増しています。私も仕事柄、担当官と直接お会いする機会もこれまでとは比較にならないほど増えています。

多くのサロンで社会保険に未加入の状態が常態化してきた一因には、本来必要なコストを無視して利益を生み競争力を高めてきた経営手法があげられます。しかし、今後は、行政が、法人である以上社会保険逃れは許さないという方針で動く訳ですから、他人事ではなくなります。

実際に、若いオーナーや開業から年数の少ないサロンでは、将来を見越して最初から社会保険加

Section 1　サロンが直面する5つの

入を前提に経営を考え、運営されているケースが増えています。「入れないのは国が悪い」などと言っても単なる独りよがりに過ぎません。冷静に現在のサロンの経営状況を分析して、どうすれば社会保険に加入しても経営が成り立つのかを真剣に考える時期にきています。きちんと試算してどの程度保険料がかかり、今のサロンの売り上げやコストをどう見直してくかしっかりと計画を立て段階的に対処していくことが不可欠です。

では、具体的な加入の督促はどのようにして行われるのでしょうか？ これまで社会保険労務士として立ち会ってきた経験を基に、具体的な対応も含めて紹介します。

多くの場合まず「『厚生年金保険・健康保険』加入状況の確認について」という名目で書類が送られてきます。この書類が社会保険加入督促のスタートです。加入を全く考えてない甘い考えのオーナーにとって、この先はまさに地獄かもしれません。なかには冷静に判断できずに、相談する相手を間違えるなどスタート時点で方向性を誤ったりするオーナーも少なくありません。

例えば、社会保険に加入した場合に財務状況がどうなるか、まずお金の問題が心配で顧問の税理士さんなどに相談されるケースは少なくないかと思いますが、これでは根本的な問題解決につながりません。なぜなら、年金事務所は、保険料が払えない財務状況だからといって加入を待ってくれることはまずないからです。

また、顧問の税理士事務所に相談されるケースでは、そのほとんどが社会保険に加入できない理由を見つけるだけで終わり、最初から加入を逃れるために相談しているような印象すらあります。正確な財務状況を把握し検討するために税理士に相談されることは結構ですが、その上で社会保険の加入を検討されるのであれば、まずは行政への対応も含めて専門である社会保険労務士に相談されることを強くお勧めします。行政の本音についても数多く触れている経験から、サロンの実状に合わせて適切なアドバイスができるはずです。

実際に行政が社会保険未加入の企業を割り出しコンタクトを取ってくる方法は次のようなものです。まず、年金事務所とハローワークが連携して、雇用保険の被保険者がいるにも関わらず社会保険が未加入である企業をピックアップするケース。また、年金事務所が法務局から法人名簿を取り寄せて、管轄内の企業で社会保険に未加入である企業を洗い出して特定するケースもあります。

具体的には、最初に述べたように「『厚生年金保険・健康保険』加入状況の確認について」といった書類が送られてきて、社会保険の加入状況について報告を求められます。簡単なアンケート形式で、あくまで回答は任意ですが、法人である以上社会保険に未加入の状態は違法であることに変わりはありません。いかに違法な状態を脱して健全な企業として、社会保険に加入するかが問題です。

加入の督促を受けたサロンオーナーからご質問をいただくことのひとつとして、「段階的な加入が可能か？」ということがあります。つまり、いますぐスタッフ全員が加入することは財務的にも難しいため、可能な範囲で一部のスタッフだけ先に加入し、収益構造を

課題とその対策

強化しながら順次に加入するというやり方です。

しかしながら、年金事務所にこの方法を申し出ても絶対に「YES」とはいいません。そのような方法を法律で認めていないからです。なかには、決算書を取り出し、「今社会保険に加入するとサロンがつぶれてしまう」と泣き落としを試みるオーナーもいるようですが、状況が好転することはまずありません。法人である以上、社長一人の会社であっても社会保険の加入は法律上の義務です。年金事務所と上手に掛け合い、経営にダメージを与えないように検討を進めるためにも社会保険労務士に相談してみることです。

それでも、加入が遵法、未加入は違法という前提だけに、行政からは厳しい対応を迫られることを覚悟する必要があります。

Subject 3 | 待ったなし、社会保険の未加入問題にどう対応する?

Approach 2 | 必ず社会保険料の試算を行い、段階的な計画を

Section 1　サロンが直面する5つの

　社会保険料の試算もせずに「社会保険に加入すると会社がつぶれる。」仕事柄、このようなオーナーの発言を幾度となく聞いてきました。また、無駄使いをしながら、「社会保険に加入すると立ちいかなくなる」など社会保険に加入しない理由を説明されるオーナーもいます。

　一方で、将来のサロン経営を見越して、どうすれば社会保険に加入しても強い財務体質を保持した店舗展開ができるのかを考え、早期に社会保険加入を果たしたサロンもあります。

　後者のオーナーはサロンを取り巻く環境を見据えて、「将来をしっかり考えている」のです。少子化の影響でスタッフの採用がますます厳しくなるなか、社会保険加入が採用に欠かせないことにいち早く気づき、社会保険料ありきのサロン経営を実践されています。多くのサロンが未加入のまま放置し、社会保険の督促が厳しくなってにっちもさっちもいかなくなる前に、現実的な対処が必要です。スタッフが10名から20名、30名と増え、年金事務所の督促を受けてから加入していたのでは、本当にサロンがつぶれてしまってしまうかもしれません。サロンにとってもスタッフにとっても最初から必要な

社会保険料試算例（協会けんぽ・東京都の例）

氏名	満年齢	①月額賃金見込	②標準報酬月額	③社会保険料負担総額 健康保険（9.97%）	介護保険（1.72%）	厚生年金（17.474%）	計
オーナー	45歳	800,000	790,000	76,630	13,588	108,339	198,557
店長	40歳	480,000	410,000	39,770	7,052	71,643	118,465
チーフ	30歳	380,000	380,000	44,422	0	66,401	110,823
スタイリスト	28歳	350,000	360,000	42,084	0	62,906	104,990
アシスタント1	22歳	215,000	210,000	24,549	0	36,695	61,244
アシスタント2	21歳	185,000	190,000	22,211	0	33,201	55,412
アシスタント3	20歳	170,000	170000	19,873	0	29,706	49,579
		2,580,000	2,510,000	269,539	20,640	408,892	699,071

※個人、会社で折半負担する場合、一円未満は四捨五入し、端数はいずれかが負担する。
※40歳以上は介護保険料として標準報酬月額×1.72%を負担する。
※厚生年金保険の被保険者を使用する事業主の方は、児童手当等の支給に要する費用の一部として児童手当拠出金を全額負担。
　この児童手当拠出金の額は、被保険者個々の厚生年金保険の標準報酬月額に0.15%を乗じて得た額の総額となる。

課題とその対策

コストと見て、社会保険ありきの経営を早いうちに作り上げておくことが何より大切なのです。

そのためにはまず、サロンの経営計画に社会保険の負担分をコストして読み込むことが必要です。現状のスタッフ数で必要な法定福利費を試算し、どれくらいの出費が必要になるのか正確に把握することから始めてください。

参考までに全国健康保険協会が運営する協会けんぽを例に、実際の試算の例を下表に掲載します。健康保険料、介護保険料（40歳以上）、厚生年金保険料の算出の基準となる標準報酬月額表も次ページに掲載しています。

試算に当たっては、毎年4月、5月、6月に支給された給与・報酬の平均額から決定した標準報酬月額に保険料の料率を乗じて算出します。健康保険の料率は都道府県ごとに異なり、平成26年度は東京都が9.97%ですが、その他は9.85%から10.16%の間となっています。介護保険料率は全国一律で1.72%。また、厚生年金保険料は9月から17.474%となっています。詳しくは全国健康保険協会の各都道府県支部で確認できます。

個人負担分（③総額の1/2）					会社負担分（③総額の1/2）			
健康保険	介護保険	厚生年金	計		健康保険	介護保険	厚生年金	計
38,315	6,794	54,169	99,278		38,315	6,794	54,169	99,278
19,885	3,526	35,822	59,233		19,885	3,526	35,822	59,233
22,211	0	33,201	55,412		22,211	0	33,201	55,412
21,042	0	31,453	52,495		21,042	0	31,453	52,495
12,275	0	18,348	30,622		12,275	0	18,348	30,622
11,106	0	16,600	27,706		11,106	0	16,600	27,706
9,937	0	14,853	24,789		9,937	0	14,853	24,789
134,770	10,320	204,446	349,535		134,770	10,320	204,446	349,535

児童手当拠出金（②×1.5%）	3,765
会社負担合計	353,300

Section 1　サロンが直面する５つの

平成26年9月分(10月納付分)からの健康保険・厚生年金保険の保険料額表 (協会けんぽ・東京都の例)

①月額賃金見込		②標準報酬月額( )内は厚生年金等級と月額		全国健康保険協会管掌健康保険料				厚生年金保険料	
				40歳未満 (介護保険を含まない)		40歳以上65歳未満 (介護保険1.72%含む)		一般の被保険者	
				②×9.97% (会社+個人で折半)		②×11.69% (会社+個人で折半)		②×17.474% (会社+個人で折半)	
円以上	円未満	等級	月額	全額	折半額	全額	折半額	全額	折半額
0 ～	63,000	1	58,000	5,783	2,891	6,780	3,390		
63,000 ～	73,000	2	68,000	6,780	3,390	7,949	3,975		
73,000 ～	83,000	3	78,000	7,777	3,888	9,118	4,559		
83,000 ～	93,000	4	88,000	8,774	4,387	10,287	5,144		
93,000 ～	101,000	5(1)	98,000	9,771	4,885	11,456	5,728	17,125	8,562
101,000 ～	107,000	6(2)	104,000	10,369	5,184	12,158	6,079	18,173	9,086
107,000 ～	114,000	7(3)	110,000	10,967	5,484	12,859	6,430	19,221	9,611
114,000 ～	122,000	8(4)	118,000	11,765	5,882	13,794	6,897	20,619	10,310
122,000 ～	130,000	9(5)	126,000	12,562	6,281	14,729	7,365	22,017	11,009
130,000 ～	138,000	10(6)	134,000	13,360	6,680	15,665	7,832	23,415	11,708
138,000 ～	146,000	11(7)	142,000	14,157	7,079	16,600	8,300	24,813	12,407
146,000 ～	155,000	12(8)	150,000	14,955	7,478	17,535	8,768	26,211	13,106
155,000 ～	165,000	13(9)	160,000	15,952	7,976	18,704	9,352	27,958	13,979
165,000 ～	175,000	14(10)	170,000	16,949	8,475	19,873	9,937	29,706	14,853
175,000 ～	185,000	15(11)	180,000	17,946	8,973	21,042	10,521	31,453	15,727
185,000 ～	195,000	16(12)	190,000	18,943	9,472	22,211	11,106	33,201	16,600
195,000 ～	210,000	17(13)	200,000	19,940	9,970	23,380	11,690	34,948	17,474
210,000 ～	230,000	18(14)	220,000	21,934	10,967	25,718	12,859	38,443	19,221
230,000 ～	250,000	19(15)	240,000	23,928	11,964	28,056	14,028	41,938	20,969
250,000 ～	270,000	20(16)	260,000	25,922	12,961	30,394	15,197	45,432	22,716
270,000 ～	290,000	21(17)	280,000	27,916	13,958	32,732	16,366	48,927	24,464
290,000 ～	310,000	22(18)	300,000	29,910	14,955	35,070	17,535	52,422	26,211
310,000 ～	330,000	23(19)	320,000	31,904	15,952	37,408	18,704	55,917	27,958
330,000 ～	350,000	24(20)	340,000	33,898	16,949	39,746	19,873	59,412	29,706
350,000 ～	370,000	25(21)	360,000	35,892	17,946	42,084	21,042	62,906	31,453
370,000 ～	395,000	26(22)	380,000	37,886	18,943	44,422	22,211	66,401	33,201
395,000 ～	425,000	27(23)	410,000	40,877	20,439	47,929	23,965	71,643	35,822
425,000 ～	455,000	28(24)	440,000	43,868	21,934	51,436	25,718	76,886	38,443
455,000 ～	485,000	29(25)	470,000	46,859	23,430	54,943	27,472	82,128	41,064
485,000 ～	515,000	30(26)	500,000	49,850	24,925	58,450	29,225	87,370	43,685
515,000 ～	545,000	31(27)	530,000	52,841	26,421	61,957	30,979	92,612	46,306
545,000 ～	575,000	32(28)	560,000	55,832	27,916	65,464	32,732	97,854	48,927
575,000 ～	605,000	33(29)	590,000	58,823	29,412	68,971	34,486	103,097	51,548
605,000 ～	635,000	34(30)	620,000	61,814	30,907	72,478	36,239	108,339	54,169
635,000 ～	665,000	35	650,000	64,805	32,403	75,985	37,993		
665,000 ～	695,000	36	680,000	67,796	33,898	79,492	39,746		
695,000 ～	730,000	37	710,000	70,787	35,394	82,999	41,500		
730,000 ～	770,000	38	750,000	74,775	37,388	87,675	43,838		
770,000 ～	810,000	39	790,000	78,763	39,382	92,351	46,176		
810,000 ～	855,000	40	830,000	82,751	41,376	97,027	48,514		
855,000 ～	905,000	41	880,000	87,736	43,868	102,872	51,436		
905,000 ～	955,000	42	930,000	92,721	46,361	108,717	54,359		
955,000 ～	1,005,000	43	980,000	97,706	48,853	114,562	57,281		
1,005,000 ～	1,055,000	44	1,030,000	102,691	51,346	120,407	60,204		
1,055,000 ～	1,115,000	45	1,090,000	108,673	54,337	127,421	63,711		
1,115,000 ～	1,175,000	46	1,150,000	114,655	57,328	134,435	67,218		
1,175,000 ～		47	1,210,000	120,637	60,319	141,449	70,725		

◆標準報酬月額の等級欄の( )内の数字は、厚生年金保険の標準報酬月額等級です。5(1)等級の「報酬月額」欄は、厚生年金保険の場合「101,000円未満」と読み替えてください。34(30)等級の「報酬月額」欄は、厚生年金保険の場合「605,000円以上」と読み替えてください。◆賞与に係る保険料額は、賞与額から1,000円未満の端数を切り捨てた額(標準賞与額)に、保険料率を乗じた額となります。標準賞与額の上限は健康保険が年間540万円(毎年4月1日から翌年3月31日までの累計額)、厚生年金保険と児童手当拠出金の場合は月間150万円となります。

課題とその対策

　ざっと試算するとスタッフ、会社ともに約15％弱の負担増となりますが、大切なことは、まず具体的な数字を把握することです。そして、現状で加入が難しいようであれば、給与体系も含めてサロン全体のコストの配分を見直し、段階的に計画を立て改善をはかることが重要です。

　同時に、どうやって売り上げを増やしていくか、新しい技術やメニュー、売り物を用意して、どのようなお客様にアピールしていくかも必要です。社会保険の加入は、将来を見据えて現状を見直し、しっかりとした売り上げと利益計画に基づく安定したサロン経営に取り組む絶好の機会となるはずです。

Subject 3 | 待ったなし、社会保険の未加入問題にどう対応する？

Approach 3 | 業務請負契約は、まったく異なるサロン形態と考える

　社会保険に加入すると経営が立ちいかなくなるとの理由から、「スタッフ全員または一部を業務委託契約に変えたい」といった相談を受けることがよくあります。そうしたオーナーのなかには「契約書さえ交わせば簡単に業務委託契約に切り替えることができる」と安易に考えていらっしゃる方も少なくありません。

　しかしながら、業務請負契約はスタッフが個人事業主となることを意味するため、サロン経営そのものも大きく変わります。形だけ変えてサロン運営が変わらなければ、経営者にとってもスタッフにとっても様々な問題を引き起こします。

　まず、ほとんどのサロンでは「労働者」としてスタッフを雇用しています。「労働者」を簡単に説明すると、労働の対価として賃金を支払う代わりに、業務上の指示や命令に沿って働いてくれている人といえます。ここでのポイントは、雇用する側は一定の雇用契約に基づいて業務上の指示ができるという点にあります。また同時に、労働者の権利を守るために定められている労働基準法や労働関連の法規を遵守することもしなければなりません。つまり、労働者を雇用するにあたってはいろいろと配慮しなければならないことが増えてきます。

　一方、業務請負契約の場合、サロンで働いてもらうという点では変わりありませんが、スタッフに業務上の指示をすることができません。仮に業務上の指示をした場合であっても、スタッフの側にはその許諾の自由があります。

　例えば、サロンとして「毎朝の朝礼に参加すること」という業務命令を出しても、「朝礼に参加するかしないかは本人の自由」にする必要があります。つまり、サロンとしての約束事やルールが機能しないため、従来の考え方で運営するのには無理があり、とても不便なことになります。また、「使用する材料や器具の負担」も問題です。業務請負契約の場合には、業務を行う上で必要な材料や器具等の使用

Section 1　サロンが直面する5つの

は、基本的にスタッフが負担することになるため管理方法が煩雑になります。そのほかでは、「労働者」でないため労災保険が適用になりません。サロンで仕事をしている最中にケガをしたとしても、本人の自己責任になります。つまり、同じサロンで変わりなく働いているように見えても、様々な面で働くルールや条件が異なるため、単純に現在のスタッフを業務請負契約に切り替えても支障が出てきます。従来の業務の指示命令が通用せず、利益の配分も当然考慮せざるを得ないため、かえって無用な労働トラブルも発生しかねません。

業務請負契約が有効に機能するためには、スタッフが個人事業主として独立性を保って仕事ができる、いわゆる「面貸し」などの形態が大前提です。最近では、資金などの関係で独立してサロンをオープンすることは無理でも、個人事業主として独立して働くことでより多くの収入を得たいと考える方も増えています。そうした美容師を受け入れるビジネスモデルも増えてはいますが、その場合には業務委託契約の内容や条文も弁護士に相談し、報酬の配分や、契約の解除、遵守事項などを細かく定める必要があります。

あくまで、それまでのサロン経営と異なり、まったく別物として理解しておく必要があります。

Subject 4 ｜ 残業代の扱いは？　未払いトラブルをどう防ぐ？

↓

Approach 1 ｜ 固定残業代を導入し、未払いトラブルを回避する
Approach 2 ｜ 歩合給の場合でも最低保証給と残業代の支払いが必要
Approach 3 ｜ 営業終了後のレッスンや練習時間の扱いを明確に

Subject 4 ｜残業代の扱いは？　未払いトラブルをどう防ぐ？

Approach 1 ｜ 固定残業代を導入し未払いトラブルを回避する

残業代を正確に計算し、労働時間に応じてきちんと支払っていないサロンが多いように思います。通常は週40時間または1日8時間を超えた場合には、時間外労働となり、超過した時間に対し1.25倍

課題とその対策

以上の割り増し賃金を支払います。しかし、多くのサロンで時間外労働に対し、割り増し賃金を適切に支払っていないのが実情ではないでしょうか？
つまり、残業代が未払いになっているということです。

最近ではサロンを辞めた後に残業代が未払いだという主張を行い、内容証明にて多額の金額を請求してくる事例が度々発生しています。

本来残業代は時間外労働をきちんと計算して正確に支払うことが必要ですが、多くのサロンで不要な手当を支払いながらも残業代を適切に支払っていないため、後で多額の残業代を支払うケースも出てきます。ここでは、毎月の賃金で固定残業代として支払う方法について説明します。

まず、残業代を固定化して支払うこと自体は違法ではありません。ただし、様々なトラブルの事例もあることから、最近では残業代を毎月の賃金の中に固定化して支払うことについて、より厳格で適正な措置が求められるようになっています。

具体的な方法としては、まず次の3つのポイントを押さえる必要があります。就業規則への記載例も併せて紹介しますので、参考にしてください。

固定残業代を支払う上での3つのポイント

Point 1
- 就業規則に固定残業代であることが明確にわかるように規定する。
- また、固定残業代以上の残業時間がある場合には、超過分を支払うことがわかる規定になっている。

Point 2
- 固定残業代が何時間相当分であるかを明確に規定する（給与明細にも記載するほうがよい）

Point 3
- 固定残業代を超える残業時間がある場合には、超過分を必ず支払っている

Section 1　　　サロンが直面する5つの

就業規則への記載例

第○条（固定残業手当）

　　　　　　　　　　　　　　　　　　　　　　　　　　　　　　Point 1

第1項　固定残業手当は、時間外手当の内払いの性格を有するものとする。

第2項　第○条に基づき算出される時間外手当の支払いに当たっては、
　　　　同算出額の合計額から固定残業手当を控除した額を
　　　　支払うものとする。

第3項　ただし、実際の時間外労働手当の合計額が
　　　　固定残業手当の額を超える場合にはその超過分を加算して支払い、
Point 2　固定残業手当の額に達しない場合にも固定残業手当を
　　　　減額することはない。

第4項　なお、固定残業手当は、第○条に定める時間外勤務手当30時間相当
　　　　（割り増し賃金の基礎となる時給単価×1.25×30時間）を
　　　　支払うものとする。
　　　　　　　　　　　　　　　　　　　　　　　　　　　　　　Point 3

課題とその対策

　実際のサロンの場合、入社して3年未満のスタッフ、いわゆるアシスタントの給与はそれほど高くありません。つまり、左の例として上げた月30時間分の時間外労働に対する割り増し賃金を固定残業代とすること自体、かなり難しくなくなります。

　現実的な対処法としては、労働条件を変更することに対しスタッフから同意をもらうことを前提に、基本給を最低賃金ベースで再計算し、新たな基本給＋固定残業手当として組み直すのです。

　以下に、東京都で基本給170,000円のケースについて、どのように見直すかを紹介します。また、基本給以外の手当については、多くが店独自の技術試験に合格した場合に加算される仕組みとなっているため、のちのち残業代未払いのトラブルにつながらないためにも固定残業代の導入は有効です。

　ポイントは固定残業時間を何時間相当とするかですが、同時に、スタッフの時間意識を高め、無用な残業を減らす労務管理につながるはずです。

固定残業代導入のための労働条件の変更（次ページの見直しの手順を参照）

変更前	変更後
●基本給　170,000円	●基本給　154,860円 　内訳（890円×174時間） ●固定残業手当　15,140円 　内訳（890円×1.25×13時間）

Section 1　サロンが直面する5つの

労働条件変更見直しの手順

1.

平成26年度の「東京都の最低賃金」は「888円」のため、
これを基準に「890円」に切り上げた時給を設定します。

2.

週休2日で法定労働時間を遵守した場合の月平均の労働時間を174時間で設定します。

3.

時間給×月平均労働時間を基本給として設定するため、
890円×174時間で154,860円となります。

4.

固定残業手当は「時間給870円×割増1.25倍×残業時間」で算出しますが、
問題は固定残業時間を何時間相当とするかです。
変更前の基本給が170,000円のため、変更後の基本給と併せた総額に
影響がでないように調整した結果、「約13時間」となります。

　これは一例に過ぎませんが、実際に固定残業代として支払う場合には社会保険労務士に相談し導入するほうが賢明です。特に、それまでの基本給を「基本給と固定残業手当」に分ける場合には、労働条件の変更になるため「労働条件の変更に関する合意」が必要です。この合意がないためにあとでトラブルになるケースは多いため、必ず右のような「労働条件の変更に関する合意」を書面で交わしておくことが必要です。

　なお、最低賃金は都道府県、業種により異なります。毎年度見直しも行われるため、必ず管轄の労働局等やホームページで確認しておきましょう。

課題とその対策

固定残業代を導入する場合の同意書・例

労働条件の変更に関する同意書

1. 私は、株式会社　　　　　　　代表取締役　　　　　　　氏より、本日私が勤務する株式会社の就業規則が添付別紙のとおり改定されるとの説明を受けました。

2. 今回の改定により、新しく業務手当が創設され、その手当はいわゆる残業代（所定労働時間を超える労働時間○時間相当の対価）として支払われるようになることを了解致しました。

3. また、上記のいわゆる残業代として支払われる業務手当が、実際の労働時間に基づき法律に則って計算した金額を下回る場合には、その差額分（下回る部分）について、会社から別途残業代として支払われることを了解致しました。

4. 今回の就業規則の改定により、私自身の給与がどのように変化するかは、以下のとおり説明を受け、了解致しました。

    ＜改定前＞ 基本給　　　　　　　　　　円

    ＜改定後＞ 基本給　　　　　　　　　　円
    　　　　　業務手当　　　　　　　　　円

5. 就業規則の改定につきまして、上記のとおり説明を受け、その内容について承諾いいしましたので、本同意書に署名いたします。

平成　　　年　　　月　　　日

株式会社
代表取締役　　　　　　　　　　殿
　　　　　　　　　　　　　住所：
　　　　　　　　　　　　　氏名：　　　　　　　　　　　　印

Section 1　サロンが直面する5つの

Subject 4 | 残業代の扱いは？　未払いトラブルをどう防ぐ？

Approach 2 | 歩合給の場合でも最低保証給と残業代の支払いが必要

　多くのサロンではスタッフがスタイリストデビューを果たすと、賃金も歩合給制となることは少なくありません。その多くは指名客数や売上額に応じて給与が決定される仕組みとなるようです。売り上げに応じた一定割合を歩合給として支払うことは違法ではありません。

　しかし、注意しなければならないのは、「保障給を持たないオール歩合給」は違法であることです。

　例えば、たまたまスタイリストの売り上げが極端に少ない月があるとします。当然、歩合給も極端に少なくなります。そうした場合でも決め事だからということで、少ないままの金額を給与として支払っているサロンもあるようですが、内容によっては違法になる場合も出てきます。

　その根拠は「労働基準法第27条」にある「出来高払い制の保障給」に関する規定です。

　その内容をかみ砕くと、「いくら出来高制（≒歩合給）であっても、実際の労働時間に応じて一定額の賃金を保障」せよと言っています。労働基準法に照らせば、「売り上げが少ないのだから取り分が少なくて当たり前！要は努力が足りないだけ」と歩合給のみで済ますと、適切に給与を支払っていないケースと判断されるのです。未払い残業代を請求された場合などには、「保障給が適切に支払われていない」とセットで訴えられる場合もあり、きちんと法律を理解しておくことが重要です。

　それでは、「労働時間に応じて一定額の賃金を保障」するとはどの程度のことをすればいいのでしょうか？

　「労働基準法第27条」では保障給の額について何も規定していません。ただしその目的は、労働者の最低生活を保障することにあるため、一般的には「平均賃金の60％程度」を保障することが妥当と言われています。

　具体的な計算としては、「算定期間となる3か月にかかる定めに基づいて支払われた賃金の総額を、その期間中に実際に労働した日数で除した金額の100分の60がその最低保障額となる」としています。

　具体的な事例で見てみましょう。例えば、スタイリストが月23日出勤したにもかかわらず、ほとんど売り上げがなかった場合です。サロンの計算式でこの月の歩合給を計算した結果、給与額が100,000円となったとします。この場合、前述したように100,000円を支払えばいいという訳ではありません。直近3か月の賃金と労働日数を元に算出した最低保障給の支払いが必要になります。

　もうひとつ大事なポイントは、歩合給であっても割り増し賃金の支払いが必要なことです。

　つまり、「最低保障部分」と「歩合給部分」にわけて割り増し賃金を計算しなければならないので、少し複雑です。「歩合給部分」の割り増し賃金額は、歩合給の総額をその賃金計算期間における総労

課題とその対策

働時間数で除した金額が基準となります。総労働時間数には、時間外労働時間および休日労働時間数も含んでいる点に注意しなければなりません。

また、歩合給などの出来高払い制や、その他請負制によって賃金が定められている場合には、時間外の労働に対する賃金の1.0倍部分が、基礎となる賃金総額の中に含まれるため、歩合給部分の掛率は0.25倍でいいことになっています。0.25倍といえども、未払いとなっているケースは多いため、あとあとトラブルにならないためにも、必ず確認が必要です。次頁に具体的な算出例をあげておきますので参考にしてください。

Section 1　サロンが直面する5つの

歩合給部分に対する割り増し賃金の計算例

■ 最低保証給160,000円＋歩合給150,000円＝総支給額310,000円の場合

- 月間の労働日数
  - → 23日
- 1日の所定労働時間
  - → 8時間
- 1か月の所定労働時間
  - → 23日×8時間＝184時間
- 法定外労働時間（残業時間）
  - → 30時間の場合

■ 1か月の総労働時間
  - → 184時間＋30時間＝214時間

■ 歩合給部分に対する計算式
- 基準時間給
  - → 総支給額310,000円÷総労働時間214時間＝1,448.6円
- 割り増し賃金部分
  - → 基準時間給1,448.6円×割り増し率0.25＝362.15円

■ 割り増し賃金額＝362.15円×30時間＝10,865円（小数点以下切り上げ）

※注意:この他最低保障部分に対する割増賃金の支払いも必要になります。

課題とその対策

Subject 4 | 残業代の扱いは？　未払いトラブルをどう防ぐ？

Approach 3 | 営業終了後のレッスンや練習時間の扱いを明確に

　サロンの営業時間と営業時間外の活動を明確にしておくことが、残業を減らすことにもつながります。現在でも多くのサロンで、営業時間終了後に技術のレッスンや練習時間にあてることは少なくありません。なかば慣習化していることもあって、この営業終了後の時間の取り扱いがあいまいなケースが多く見られます。実際に営業後の練習時間が労働時間にあたるとして、未払い残業代として請求されるトラブルも見聞きします。そうならないためには、サロンとしての労働時間と拘束時間を明確に定めルール化しておく必要があります。

　以下のようなケースでは、労働時間となる可能性が高くなりますので、改めてチェックしてみてください。

営業時間終了後の練習時間が、労働時間として取り扱われてしまうケース

- ☐ 営業後にスタッフがカットなどの練習を業務命令として行っている

- ☐ 経営する側が、営業後にスタッフが練習していることを知りながら黙認している

- ☐ 営業終了後の練習スケジュール等をサロン側で管理している

- ☐ 営業終了後に社内の技術チェックや試験を行っている（賃金と連動しているなど）

etc

Section 1 サロンが直面する５つの

　これ以外にも業務として行われていないかを確認する必要がありますが、特にサロン側が管理している場合、スタッフの自主的な練習であっても労働時間として扱われてしまいます。そうならないためには、まずサロンとスタッフとの間で自習練習であることを確認しておくことが必要です。サロン側は施設を貸すということ、そして、居残り練習が業務命令でないこと明確にするため、次のような申請書を用意しておくと有効です。

課題とその対策

平成○年○月○日

株式会社○○○
代表取締役 ○○○○ 殿

○○○○ 印

終業時刻後における自主練習についての申請書

私は、技術向上を目的に、当社の終業時刻後にカット等の練習を行いたく、
店舗の使用について承諾をいただきますよう、ここに申請いたします。
なお、終業時刻以降の練習時間は私が自己研鑽の一環として自主的に行うものであり、
当社が認める時間外労働に当たらないことを、併せて本申請をもって確認いたします。

以上

平成○年○月○日

○○○○ 殿

株式会社○○○美容室
代表取締役 ○○○○ 印

終業時刻後における自主練習についての承諾書

上記、申請のあった自習練習について、当該時間に店舗を使用することを、
ここに承諾いたします。なお、使用にあたっては時間管理をしっかりと行うとともに、
翌日の就労に影響がでないよう自己管理に努めるようにお願いいたします。

以上

Section 1 サロンが直面する5つの

Subject 5 | 問題の多いスタッフにはどうやって対応する？

↓

Approach 1 | 遅刻が多く時間にルーズなスタッフへの対応
Approach 2 | 技術の練習やレッスンへの熱意に欠けるスタッフに対する喚起
Approach 3 | スタッフ同士の恋愛や異性問題に備えておく

Subject 5 | 問題の多いスタッフにはどうやって対応する？

Approach 1 | 遅刻が多く時間にルーズなスタッフへの対応

　サロンの労務管理において、遅刻が多いスタッフへの対応に手を焼くオーナーは多いようです。何度となく口頭で注意するにもかかわらず同じことの繰り返しが続き、他のスタッフに対する影響も大きくなることから、最終的にサロンを辞めてもらうといった例も聞かれます。

　とはいえ、遅刻を繰り返すことを理由に解雇することは、のちのちトラブルになるケースもあることを知っておく必要があります。辞めさせられたスタッフが不当解雇だと労働審判などを申し立て、解雇は無効のため引き続き賃金を支払えといった訴えを起こすことも考えれるからです。

　そうならないために、まず意識しなければならないことは、解雇に至るまでの段階を踏むということです。いきなり解雇するからトラブルになる可能性が高いので、段階を踏んで適切に対応することが求められます。具体的には、該当するスタッフの勤怠不良の記録を書面に残し、日頃からそれに対する注意や指導を行ってきた記録を残しておくことです。

　問題の多いスタッフほど、辞めたあとでも揉めごとに発展しかねないため、ふだんから口頭だけでなく書面でしっかりと対応しておくことが重要です。仮に労働審判や訴訟になった場合、口頭のみの注意や指導では、本人が「注意を受けていない」と主張することも考えられます。場合によっては繰り返し注意してきたことが立証できず、解雇が無効となる場合もあります。

　具体的な手順としては、勤怠の記録を基にまず口頭で注意。改善が見られない場合、就業規則違反として「警告書」を出します。警告書を問題スタッフに渡したあとに、「改善計画書」の提出を求めます。ただし、もともと遅刻を繰り返すような問題スタッフの場合、

課題とその対策

「改善計画書」自体作成ができないことも考えられます。そうした場合には、オーナー側が改善計画の案をいくつか作成し、スタッフに選んでもらいます。最終的に本人が選んだ案を修正し、提出してもらう方法がベストです。実際の「警告書」、「改善計画書」の見本は次頁のようなものになりますので、参考にしてください。

Section 1 サロンが直面する5つの

平成○年○月○日

警告書

○○○店
○○○○ 殿

株式会社○○○
代表取締役 ○○○○

記

貴殿は○月○日、○月○日、○月○日と店舗に連絡なく、
始業時刻を過ぎても出勤をしませんでした。
貴殿のこうした行為は、再三にわたり口頭で注意したにも関わらず
繰り返されているもので、
当社の就業規則第○条に違反するものです。

この件に関し、本日ここに警告書を発行し、
今後も同様の違反行為が見られた場合には、
当社の就業規則に則り厳正な懲戒処分を行うことを申し伝えますので、
十分に注意を願います。

なお、貴殿が本警告書を厳正に受け止め、
改善に努めることを期待して、貴殿より改善計画書の提出を求めます。
提出期限は○年○月○日といたしますので、
期日までに遅滞なく提出を願います。

以上

課題とその対策

平成○年○月○日

改善計画書

○○○店
○○○○ 印

記

私は平成○年○月○日付けの警告書に対し、次のとおり改善計画を作成し、今後就業規則に違反するような行動をとらぬよう心がけて勤務いたします。

1. 改善内容
   遅刻をせず、始業時刻に間に合うように出社すること

2. 改善期間
   ○年○月○日～○年○月○日の3カ月

3. 改善が認められない時
   就業規則違反とし、いかなる懲戒処分をも受け入れます

以上

　このように問題スタッフには後にトラブルになってもサロンが窮地に立たされないようにしっかりとその不良行為を記録しておくことが大切です。

Section 1　サロンが直面する５つの

Subject 5 ｜ 問題の多いスタッフにはどうやって対応する？

Approach 2 ｜ 技術練習やレッスンへの熱意に欠けるスタッフに対する喚起

多くのサロンでは、アシスタントは営業後に自主的に練習をし、段階的に美容技術をマスターしながらスタイリストを目指すケースがほとんどだと思います。

その一方でほとんど練習もせずに、同期入社がどんどん社内試験に合格し次のステップに進んでいるにもかかわらず、一人だけ努力することなく現在の状況に甘んじているスタッフもいます。またこのようなスタッフに頭を悩ませているオーナーもたくさんいます。

技術を覚えないでアシスタントのまま居続けてもらってもサロンとしては支障がでてきます。このようなやる気のないスタッフへの対応を考えなければなりません。

ただし、営業時間外に練習することを業務命令とした場合には、割り増し賃金の問題があるため注意しなければなりません。

練習をしない熱意に欠けるスタッフへの対応としては、2通り考えられます。

1つ目は、最終的には退職してもらうことも視野に入れた対応の方法です。この場合には、口頭だけでなく書面での注意喚起を行います。書面で伝えるポイントは下表の通りです。これらのことをきちんと書面にして「業務改善指導書」として問題スタッフに手渡します。具体的な記入例は右の通りです。参考にしてください。

やる気の見られないスタッフに対する注意喚起のポイント

Point 1	● 今現在、本人が出来ていないことがどんなことなのか
Point 2	● 出来ていない事に対して、どういう行動をとって欲しいのか？
Point 3	● 具体的な改善について申し入れ
Point 4	● 改善が見られない場合の、サロンとしての本人への対応

課題とその対策

平成○年○月○日

業務改善指導書

○○○店
○○○○ 殿

株式会社○○○
代表取締役 ○○○○

貴殿は、現在アシスタント業務に従事していますが、
口頭で何度も注意・指導してきたにもかかわらず、
同じ業務に従事する他の社員に比べてきわめて技術試験の合格が遅く、
スタイリストへの登用に支障がでている状況です。

そこで、早急に遅れている技術試験に合格し、
他の社員に比べて遅れている技術レベルの改善をはかることを求めます。
当面、所定労働時間内で集中して技術レッスンに励み、
他の社員と同水準となるよう努力して下さい。

今回ここに書面で改善を申し入れたにもかかわらず、
今後も技術試験に不合格が重なる場合には、
当社の業務に支障をきたすと判断し、
誠に残念ながら解雇等の措置を取らざるを得ないことについて
事前に通知いたします。

以上

Section 1　サロンが直面する５つの

　また、肝心なことは段階的に様子を見ながら指導し改善を求めていくことです。この段階を省略し、いきなりその場の勢いに任せて解雇など重い措置を取ってしまうと、労務管理上も問題が生じます。あとあと、その措置を巡り不当解雇などのトラブルにつながるケースも少なくないため、可能な限り段階的に対応を心がけることです。

　２つ目の対応としては、スタッフの側に何かしらのモチベーションの低下があり一時的にやる気が失せている場合です。この場合には「Section 6」で詳しく説明しているサロンに合った「評価制度」を導入してみる方法が有効です。「今何をしなければならないのか？」についての「評価」と「フィードバック」を通して、出来ていないことがどこで、出来ていることが何かを明確に伝え、対話を重ねていくのです。スタッフもサロンからきちんと見てもらえていることを実感できるため、やる気を取り戻すことにつながります。

　やる気がないように見えているもの、実は周りとのコミュニケーションが苦手なだけかもしれません。「きちんと見てもらっている」ことをスタッフが実感することで、より深いコミュニケーションが可能になり、改善につながるのです。

Subject 5 ｜ 問題の多いスタッフにはどうやって対応する？

Approach 3 ｜ スタッフ同士の恋愛や異性問題に備えておく

　多くのサロンでは若い男女が一緒に働きます。社内恋愛に対し神経をとがらせているオーナーは少なくありません。

　うまく付き合えているうちはいいのですが、片方の熱が冷めてしまうと関係がぎくしゃくし、お互いにサロンにもいづらくなって結果的に２人とも辞めてしまうといったことになるからです。せっかく苦労して採用し育ってきたにもかかわらず、そうなってしまってはサロンにとって大きな打撃です。

　そうならないために、どうすればいいのでしょうか？
　就業規則に「社内恋愛禁止」とはさすがに書けません。ましてや、規則を作り規制するような性質の問題でもないことが、対処に困る理由です。

　肝心なのはサロンに入社する段階で、もし社内でそういう事態に陥ったら、どうしたらいいのかをきちんと事前に伝えておくことです。あるサロンでは、社内恋愛禁止を明言しながらも、万一しそういうことになったら男性側が責任を取るべきことを申し伝えています。中途半端な恋愛関係で終わらせず、きちんと結婚し最後まで責任を果たす覚悟を求めているのです。

　そこまでしなくても、もしそういう事態に陥ったらサロンを辞めるという選択の前に、できるだけ早い段階で相談してほしいことを伝えておくことが大切です。全面的に社内恋愛禁止とうたうより、「悩まず相談してね」という対応のほうが、お互いにとってよ

課題とその対策

り良い選択肢が見つかるはずです。特効薬はないとしても、一方的に社内恋愛全面禁止と強調することで、失われるものの大きさを今一度認識しておいた方がよいかもしれません。

Section 2　サロンにおける労働

労務管理の悩みがまったくないというサロンオーナーは、
おそらく圧倒的に少ないはずです。Section 1であげた以外にも、
さまざまな課題が存在します。
その多くは、オーナーとスタッフとの間の、
サロン運営に関する約束事や意識のギャップに起因します。
最初はちょっとしたギャップでもそれが不満に高じ、
スタッフの離職や、時として予期せぬ労働トラブルに発展します。
サロンに必要な就業規則の説明に移る前に、
ここでは実際に法廷で争うことになった2つの労働トラブルの事例から、
オーナーが心得ておくべき労務管理のポイントを紹介します。

トラブル事例に学ぶ

Case 1 解雇した元スタッフが解雇の無効と未払い残業代の支払いを訴え、争った事例

① トラブルの概要

　この事例は、都内のあるサロンから解雇された元スタッフが起こした訴えが発端となり、サロン側も提訴して争った内容です。

　サロン側は、その元スタッフの勤務成績および効率がいちじるしく不良のため、サロンを運営していくうえで就業に適さないと判断し、解雇を通知しました。

　これに対して、元スタッフはサロン側の解雇が無効であるとして、サロンと雇用契約は存続していることを理由に解雇通知日以降の賃金と、さらに勤務していた期間に行った時間外労働に対する賃金が未払いとして割増賃金の支払いを求めてきました。

② 裁判でのふたつの争点

1) 解雇が有効かどうか？

　裁判ではまず、サロン側が通知した解雇の有効性について争われました。この点についてサロン側は主につぎのような具体的例をあげ、解雇の有効性を主張しました。
①元スタッフの技術水準は、サロンが要求する水準に達せず、またその水準に達するための努力をする意識が認められなかったこと
②遅刻が多く、また服装もサロンの方針に従う意思が認められず、いずれも改善が期待できないほど困難な勤務状態だったこと
③元スタッフが言動に虚偽の報告が多く、注意しても止めることがなかったこと
④本人の申し出を受けてラストチャンスを与えたにもかかわらず、改善が期待できない状況が続き、本人との信頼関係を維持あるいは再構築することが不可能なこと

　以上の事由から、サロンとして解雇の判断は正当であると主張しました。

2) 時間外労働の実態と未払い賃金について

　また、ふたつ目の争点となった時間外労働について、元スタッフの主張はつぎのようなものでした。
①サロンの営業終了後も事務作業をすることがあり、タイムカード上の記録、またはレジ締め時刻の記録のうち遅い方が終業時刻にあたる
②また休憩時間は120分となっていたが、食事時間の30分以外は休憩を取ることができていない
③以上から、勤務していた期間の時間外労働時間

Section 2　サロンにおける労働

にあたる未払い残業代は2,221,905円にのぼり、サロン側はこれを支払う義務がある

　これに対してサロン側は、以下の主張を行っています。
①営業開始前から店舗を開放しているのは、スタッフに練習場所を提供するためである
②営業開始前の練習はスタッフの自主的な練習であって、この間の時間はサロンとして義務付けているものではない
③そのため、営業開始時刻までの時間帯についてはサロンで規定する労働時間ではない

③ 裁判所による判断とその理由

1) 解雇の有効性について

　まず、ひとつ目について裁判所が認め下した判断は、以下のようなものでした。
　元スタッフは男性のショートカットのみについては、サロンが設定している技術水準を満たしスタイリストとして営業に入るようになりましたが、スタイリストになって以降は技術の練習を怠るようになり、お客さまからも苦情が入るようになりました。
　また、業務の際の服装もサロン側が認める範囲を逸脱しており、サロン側から指導を行ったにもかかわらず改善の態度は見られませんでした。
　そうしたなかで元スタッフ本人から、「店長になりたい」との申し出があり、サロン側も一定の役割と責任を与えることで技術の向上や服務態度の改善につながることを期待して、最後のチャンスとしてその

役割を与えました。
　これに対して当初は、本人も期待に応えるかたちで頑張りを見せましたが、しだいに営業開始時刻前に出勤する回数が少なくなり、営業開始時刻前に出勤したとしても、ほかのスタッフが自主的に練習に励んでいるなか、自らが練習することはなく、パンやおにぎり類を食べたり、所在なげに時間を過ごすことが多くなりました。また、遅刻をしても申告を怠るようにもなりました。
　こうした状況に至る前に、サロン側としても改善を試み、ほぼ毎日のように注意を促し指導を行いましたが、本人はその態度を一向に改めることはありませんでした。
　本人が申し出て、サロン側も最後のチャンスとして与えた機会を自らが放棄したような勤務態度が続き、真摯な姿勢が見られないこと、ほかのスタッフやお客さまからも元スタッフに関する苦情が止まなかった状況となったことから、裁判所はサロン側の解雇の有効性についてつぎのように判断しました。
　元スタッフの勤務状況は、サロンで定めている就業規則38条1項3号にある「勤務成績または効率が著しく不良で就業に適さない場合は解雇できる」という解雇事由をじゅうぶんに満たすことから、解雇は有効との結論です。つまり、サロン側が行った解雇の処分は正当と認められたのです。

2) 時間外労働についての判断

　また、2つ目の争点となった、元スタッフの勤務していた期間の時間外労働時間に関しては、始業時刻、就業時刻、休憩時間の扱いをめぐって、次のよ

トラブル事例に学ぶ

うな判断となりました。

まず始業時刻については、サロンが営業開始時刻を始業時刻とし、サロンの就業規則には「スタッフは所定の始業時刻に業務開始の態勢を整えていなければならない」と規定されていました。

通常サロンでは、営業開始時刻にただちにお客さまを受け入れることは当然であることから、この規定が営業開始時刻の30分前を出社時刻として義務付けているわけではなく、出勤してから営業開始時刻までの時間を労働時間として評価すべき根拠にはならないとされました。

つまり、営業時刻前までの時間はスタッフの自主的な練習時間であり、サロンの管理を行う者の指揮監督下にある労務提供時間として認定することはできず、したがって始業時刻前の時間は労働時間ではないとの判断となったのです。

つぎに、終業時刻については以下のような判断の説明となりました。

通常サロンが営業を終了しレジを締めたあとも付随する業務は存在し、15分程度はそれにあたる時間が必要との判断からこの間を労働時間と認める一方、レジを締めたあと15分を超えて以降の時間については、元スタッフがサロンの業務にあたっていた的確な証拠の提示もないため、労働時間と認められませんでした。

また、休憩時間については、サロンと元スタッフの営業記録から判断しても分散すれば120分程度の休憩は十分に取れたと判断され、営業記録から見て明らかに休憩時間が取れていない日についてのみ、そのぶんを時間外労働時間として加算しています。

その結果、元スタッフが未払い残業代として請求した222万1905円に対して、裁判所が認めた未払い額は43万6015円となりました。

④ この事例からサロンが学ぶこと

労務管理の記録を残す

まずスタッフの労働時間について日々きちんと把握することは最低限のルールです。

このサロンでは、営業開始時刻を始業時刻としており、営業開始前までの時間はスタッフの自主的な練習時間としていました。時間の記録についてはタイムカードとレコーダーを使い把握していましたが、タイムカードの打刻がない日もあり、その場合はタイムカードに遅刻の事実だけを手書きにし、実際の業務開始の時間は記録されていませんでした。このこ

Section 2　サロンにおける労働

とから、裁判所は実際の遅刻した時間を認定するのは困難と判断し、営業開始時刻をもって労務の提供開始時刻と認定しました。

実際のサロンの運営にあたっては、もしスタッフが遅刻した場合でも、業務開始時間をしっかりと記録し、あとで遅刻の証明できないということがないようにしなければなりません。

休憩時間の取得は分散可能

つぎに休憩時間です。この裁判ではサロンの就業規則に定める1日の休憩時間は120分であることが認定されました。その一方で、担当するお客さまの数が多く、まとめて120分の休憩時間が取れないような状況でも、細切れにして休憩を取れば120分の休憩時間を満たすとことができたと判断しています。

おそらく、一般的なサロンで1日に120分のまとまった休憩時間を与えるケースは少ないかと思いますが、この裁判の例のようにあとから休憩時間が取れていないといった主張をされないためにも、サロンの予約表などに休憩時間もきちんと明記しておくべきです。つまり労務管理上の記録として残しておくことが肝心になるのです。

問題スタッフほど段階を踏んだ対応を

最後に、この裁判では勤務態度が不良な問題スタッフに対する対応について参考になるポイントもありました。

サロン側は、元スタッフが遅刻を繰り返しその申告を怠ったこととあわせて、始末書の提出をさせていました。

また、本人がメンズカット以外の技術はサロンが設定している水準に達していないにもかかわらず、技術の練習を怠っていることについては、ラストチャンスとして3か月を目安にした努力目標を書面にして提出するよう指示しています。

つまり、ポイントとなったのは「書面」として残されていたということなのです。

元スタッフの勤務態度や行動の問題点と、それに対するサロン側の認識や指導の内容が書面として残されていたことで、裁判でもスタッフの行動に問題があり解雇が有効と判断されたのです。

多くの場合、何か問題があると、つい口頭で注意して終わりにしてしまいがちですが、問題の多いス

トラブル事例に学ぶ

Case 1 のトラブル事例から学ぶ労務管理のポイント

Point 1
スタッフの始業時間と終業時間を把握し記録に残す
- タイムレコーダーによる管理が一般的だが、
通常の始業と終業の時刻を明確にするだけでなく、遅刻した場合でも
実際の勤務開始の時間を手書きで行うようルールをつくり、周知、実行しておく。

Point 2
休憩時間についても同様に実際に取得した時間を記録する
- サロンの運営上、お客さまが多いときに所定の休憩時間が
とれないことはことは多いが、そうした場合でも分散して取得することが可能。
予約表などに実際に取得した時間を記録しておく。

Point 3
問題スタッフへの注意・指導は口頭だけでなく書面で行う
- 口頭だけの注意・指導ではスタッフに否定されれば終わり。
口頭で改善が見られなければ、必ず書面で改善を指導し、
本人からも改善計画書等の提出を求め、記録として残しおく。

Point 4
問題スタッフの解雇にあたっては慎重に段階を踏んでから
- いかなる理由でもいきなり解雇は問題のもと。勤務態度が業績が不良の場合、
口頭や書面で指導を行い、本人にも改善の機会を与えてたあとで、
やむを得ぬ判断として解雇を通知する。

Point 5
就業規則の整備とサロン運営のルールの周知徹底が大原則
- 就業規則やサロン運営のルールが整備されていれば、
労務管理で何か問題が起こり、万一労働トラブルに発展した場合でも安心。
規模を問わず自サロンに合った就業規則が必要になる。

Section 2　サロンにおける労働

タッフほどそれが度重なり、最終的には離職や労働争議といった大きなトラブルに発展することも考えられます。だからこそ、スタッフの日ごろの勤務状態や、サロン側からの注意や指導についても、ひとつひとつ書面に残し記録しておくこが大切です。

また、解雇についてもいきなりではなく段階を踏んで行っている点についても注目が必要です。

勤務態度や業績が不良だからといっていきなり解雇するのではなく、その前に書面で注意や指導を行うとともに、本人にも改善の機会を与えている点や改善の過程を書面で提出させている点も、労務トラブルのリスクを回避するうえではとても重要なポイントです。

この事例では、サロンが以前から適切に就業規則を整備しスタッフに周知するとともに、サロンの運営にあたっても日ごろから書面や記録による管理が徹底されていたことが功を奏したケースです。客観的に見てサロンにさほどダメージはないと判断してもよいでしょう。

その点からもサロンに合わせた就業規則の作成と、書面に基づく労務管理は、オーナーとして考えるべきサロン運営基本です。

Case 2　副店長が「管理監督者」かどうかを争い、未払い残業代を支払ったケース

① トラブルの概要

これも東京都内のあるサロンで起きた事例ですが、副店長の立場にあったスタッフが、未払いの残業代があると申し立てその支払いを求めてきたケースです。

このサロンでは営業時間を10:00〜22:00（受付は20:00まで）として、毎週火曜日を定休日と定めていましたが、副店長がその営業時間外に業務にあたることがあっても、管理監督者にあたるとして残業代を支払っていませんでした。副店長側は、時間外の勤務の実態があるとしてその未払い残業代として2,784,705円の支払いを求めてきたのです。

実際の副店長の毎月の給与は、基本給のほかに歩合給、店販手当、職務手当、家族手当、通勤手当で構成され、時間外手当はありませんでした。

② 裁判での主な争点について

トラブル事例に学ぶ

1) 副店長は管理監督者か？

このケースで争点となったのがまず、副店長の位置づけでした。サロン側の言い分は以下のようなものでした。
①本サロンでは副店長はトップスタイリストであり、サロン運営や業務遂行にあたっても、ほかのスタッフと異なる権限と広範な裁量権を有している
②その対価として、職務手当60,000円と家族手当40,000円を支給することで十分に配慮している
③よって副店長は労働基準本42条2号に規定されている「管理監督者」にあたり、残業代の支払いは発生しない

2) 時間外手当が支給されないことは了承済み？

ふたつ目の争点は、サロン側と本人との間で時間外手当が支払われないことについて合意が成立していたかどうか、という点でした。

これについてのサロン側の主張はつぎのようなものでした。
①本人は主たる給与が歩合給であることを承知で長らく働いてきており、時間による業務評価ではなく、客数や売り上げによる実績評価に基づき給与が支払われてきた実態があること
②このことから、時間外手当が支給されないことについても、サロン側と本人との合意が成立していたこと
③よって、時間外手当の支払いは認められないこと

③ 裁判所の判断とそれに至る背景

「管理監督者」に必要な条件

まず、裁判ではこのサロンの副店長の管理監督者性を検討するにあたって、つぎのような点をあげました。
①副店長が担当していた業務内容およびその内容についての裁量・責任の程度
②サロン全体の経営・人事・労務管理への副店長の関与の程度
③副店長の地位に応じた処遇がなされているかどうか

Section 2 サロンにおける労働

④副店長の出退勤時刻の自由度と、みずからの労働時間に関する裁量の度合い

これらの観点からサロン側、副店長側の言い分を聴きなから検討が行われ、最終的な判断として以下のような結論となりました。

人事、労務面での権限の範囲

当該副店長はサロンにおいて副店長兼トップスタイリストとして、サロン代表者（オーナー）、店長につぐ位置にあり、店舗の経営やサロンワークにおいても中心的な役割を担っていたと認められましたが、一方でサロン代表者（オーナー）が持つ新人採用やアシスタントをスタイリストへ昇格させる権限は持っていませんでした。

その権限は、アシスタントリーダーが参加するトップミーティングで意見を表明する程度に限られており、サロンの経営面、人事面で格別の権限を有し、関与していたわけではないことも認められました。

また、副店長は遅番の終礼の担当者ではあったものの、サロンの施錠責任者ではなく、売り上げの集計もレジ担当者が別に行っていたことから、施設管理においても会計面においても特別の責任を負っていたわけでないとも判断されました。

さらに、スタッフの勤務シフトに関しては、早番、遅番の振り分けをサロンの代表者（オーナー）が決定していたほか、アシスタントの休憩時間の取らせかたについても、サロンの代表者（オーナー）が在店時には主として指示しており、副店長は自分と一緒に働くアシスタントについてのみ休憩を指示していたことが認められました。

したがって、この副店長はスタッフの労務管理においても関与の程度は限定的で、サロン代表者（オーナー）と同等の管理監督者の権限を有していないとの結論にいたりました。

職務範囲と時間外手当の有効性

つぎに時間外手当の支払いが有効か否かついては、まず職務手当について次のような観点からの判断と説明が行われました。

職務手当は副店長になってのち支給されるようになったことから、実質的に副店長の地位に応じた役職手当と認められましが、その金額はアシスタントリーダーに支払われる職務手当20,000円に比し

トラブル事例に学ぶ

ても多額であるとはいえないこと。

そのうえで副店長がみずからの業務内容とその時間について決定する裁量があり、なおかつ副店長兼トップスタイリストとして、サロン代表者（オーナー）、店長につぐ地位にあり、サロンの運営に関してはサロン代表者（オーナー）とともに中心的な役割を担っていたと認められること。

しかしながら一方で、実質的な経営、人事、労務管理等へ関与は限定的で、職務手当上も格別の処遇を受けていたわけでもなく、みずからの労働時間についてもサロン代表者（オーナー）による出退勤管理を受けていたこと。

以上のような理由から、副店長が労働条件の決定その他労務管理について経営者であるサロン代表者（オーナー）と一体的立場にあった事実は認められず、労働基準法41条2号（注1参照）にいう「管理監督者」ではない、という結論でした。

基準法で規定する「管理監督者」を拡大解釈して適用しているケースは少なくありません。そうすることによって、時間外労働が発生せず残業代の支払いも不要と判断しているケースです。

しかしながら、裁判所の「管理監督者」にあたるかの判断基準は、最初に示したように4つの観点から検討されます。繰り返しになりますが、念のために再度あげておきましょう。

①担当した業務内容およびその内容についての裁量・責任の程度
②経営・人事・労務管理への関与の程度
③地位に応じた処遇
④みずからの労働時間についての裁量（出退勤時刻の自由度）

このなかでも特に、採用権限や人事権、経営上の

④ この事例からサロンが学ぶこと

実質的な「名ばかり管理職」はNG

このケースでサロンと副店長が争ったポイントは、サロンにおける「管理監督者」の定義と、いわゆる実態が「名ばかり管理職」だった場合に残業代の支払いが必要なのかどうかという点です。

最終的に裁判所の判断は「管理監督者」でないとして、サロン側に多額の未払い残業代の支払いを求めました。

このサロンのケースのように、多くのサロンで労働

Section 2 サロンにおける労働

格別の権限を有しているかどうかは「管理監督者」と判断するうえで重要な要素のひとつであり、実質的には経営者（オーナー）のワンマン経営に依存しながら、単に管理職として名称だけを与えているだけのケースでは、いざトラブルが発生した場合にはサロン側に不利となってきます。

そうならないためには、例えば採用に関しどの程度の権限を与えており、また経営会議などにおいてどの程度の発言権や執行権を与えているかなど、業務上の責任と権限を整理し明記しておく必要があります。

歩合給制でも残業代の計算が必要

また、今回のケースで裁判所の判断のなかにもあるように、「歩合給を承知で働いているため残業代は支払わなくてもよい」といった非常識は通用しません。つまり、歩合給のなかに残業代も見込みとして含まれていたというような主張は認められないと考えてください。

Section 1でも紹介したように、歩合給には歩合給の割り増し賃金の計算方法があり、サロンオーナーであればその計算方法についても把握しておく必要があります。いずれにしても、一般的には「管理監督者」として時間外労働や休日労働に対する割り増し賃金が必要のないケースは、かなり限定的なものです。

したがって、このサロンのケースで見られたように、残業代の支払いを逃れるために副店長を「管理監督者」とすることは、みずから残業代の未払いに関わるリスクを抱えることにもつながります。当の本人の不満が高じトラブルに発展すると、のちのちサロン運営そのものも破たんしかねません。

実際のサロン経営においては、「管理監督者」を拡大して適用することよりも、スタッフの役職や権限、業務範囲を明確にし、適切な就業規則と給与体系を整備することが望ましいと考えましょう。

注1：労働基準法41条2項（労働時間等に関する規定の適用除外）

事業の種類にかかわらず監督若しくは管理の地位にある者又は機密の事務を取り扱う者

解説：上記の「監督若しくは管理の地位にある者（いわゆる管理監督者）」については、労働時間、休憩および休日に関する規定の適用除外を認めている規定で、管理監督者に限っては労働基準法でで定める時間外労働の割り増し賃金や休日労働の割り増し賃金の支払いは不要としています。

しかしながら一般的にいう「管理職」が「管理監督者」にあたるかどうかは疑問が残ります。

管理監督者の範囲について行政通達では、「経営と一体的な立場にある者」を意味し、これに該当するかどうかは、その名称ではなく、職務と職責、勤務形態、その地位にふさわしい待遇がなされているかどうか等、実態に照らして判断すべきとされています。

具体的には、「経営方針の決定に参画」し、または「労務管理上の指揮権限を有している」か、「出退勤について厳格な規制を受けず自己の勤務時間について自由裁量を有する地位にあるか否か」、さらに「職務の重要性に見合う十分な役付手当等が支給されているか否か」、「賞与について一般労働者に比べて優遇措置が講じられているか否か」等が判断のポイントになります。

トラブル事例に学ぶ

Case 2 のトラブル事例から学ぶ労務管理のポイント

Point 1
「管理監督者」の適用の拡大は残業代未払いのトラブルを抱える
- 労働基準法で定める「管理監督者」の範囲をきちんと把握しておく。実質的な労働実態と権限次第では「管理職だから残業代が発生しない」という考え方はNG。不満が高じれば、かえってトラブルに発展することも。

Point 2
「管理監督者」の定義は4つの視点で総合的に判断される
- ①担当してる業務内容と裁量・責任の程度　②全体の経営や人事・労務管理への関与と権限の範囲　③具体的な役割と権限、地位に応じた処遇かどうか　④出退勤時間の自由度と労働時間に対する裁量の度合い

Point 3
具体的な役職や権限、業務内容と賃金のルールを整備する
- サロンの就業規則を整備して、スタッフのキャリアや役職、業務内容を整理しておくことは、労務管理上も必須。職務に応じた賃金の体系や手当に関するルールと合わせて整備することで、賃金にまつわるトラブルを防ぐ。

Point 4
歩合給でも労働時間に応じて残業代の支払いは発生する
- 完全歩合給制は労働基準法でも認められておらず、また歩合給を理由に残業代が発生しないという考え方はNG。時間外の労働時間に応じた割り増し賃金の支払いは必ず発生することを理解しておく。

Section 3　　　　　　　　　　　　　　サロンに必要な

さて、いよいよサロンに必要な就業規則の作成について、
具体的なポイントを整理しながら紹介していきます。
人を抱える立場にとって避けて通れないのが、働く環境の整備。
スタッフの数も多くないから大げさなルールは必要ないという考えは、今や通用しません。
サロンの規模の大小を問わず、人がやめないサロンづくりに必要になるのが、
オープンで公平なルールに基づくサロン運営です。
オーナーひとりの主観に頼り切ったサロン運営を脱し、
スタッフ一人ひとりが当事者意識を持った健全なサロン運営を目指すためにも、
自サロンに合ったより客観的な働くルールが必要。
サロンの就業規則の整備はその基本です。
雇用や労務管理のポイントを整理して紹介していきます。

就業規則の作成

Part 1　サロンになぜ就業規則が必要か？

就業規則はサロン運営の基本ルール

　サロンにおいて就業規則の作成が必要な理由については、Section 1であげた労務管理のさまざまな課題や、Section 2で紹介した労働トラブルの事例からも、おぼろげながら理解していただけたと思います。

　スタッフが安心して働ける明るい職場づくりは業種や事業の規模を問わず重要です。とりわけ、サロンは人が人に技術やサービスを提供する労働集約型の業種。スタッフがどのような労働環境にあるかは、そこで提供する技術やサービスの質にも直結する問題です。

　また、スタッフが増えれば増えるほど、不満やトラブルは発生します。不要なトラブルを未然に防ぐためにも、サロン運営の基本的なルールが必要。就業規則を整備して全員で周知徹底することで、健全で円滑なサロン運営につながるはずです。一つひとつの項目についてはのちほど説明しますが、スタッフの労働時間や賃金、人事の仕組みや服務規律など、具体的な処遇や基準をあらかじめ定めサロン運営にあたることは、オーナーとしての基本的な務めと考えましょう。

スタッフが10人以上のサロンは作成が義務

　労働基準法の第89条には、就業規則は「常時10人以上の労働者を使用する事業場において、これを作成し、所轄労働基準監督署長に届け出なければならない」とされています。また、就業規則を変更する場合も同様に所轄労働基準監督署長に届け出なければなりません。

　ここでいう「常時」とは「時として10人未満になることはあっても、常態として10人以上の労働者を使用している」という意味です。つまり、繁忙期などにおいて臨時に雇入れる場合などを除くことを意味していますが、通常サロンでは繁忙期だからといって臨時のスタッフを雇用することはあまりないかと思います。基本的には現在雇用しているスタッフが10人以上いれば、就業規則を作成し届け出る義務があります。

　スタッフが10人未満のサロンでは就業規則の作成は必要ないという判断も成り立ちますが、現実の問題としてスタッフが10人を超えてから就業規則を考えるというのでは、健全なサロン運営からほど遠くなります。みずからがサロンを構え、オーナーとなりスタッフを雇用する立場になったら、たとえスタッフが10人に満たなくても、就業規則の整備と作成は大切な仕事のひとつと考えるべきでしょう。

　実際の作成にあたっての細かな項目についてはのちほど説明しますが、スタッフの労働時間や賃金、人事の仕組みや服務規律など、具体的な処遇や基準をあらかじめ就業規則として定めることで、サロン運営のルールを明確にしておきましょう。

Section 3　サロンに必要な

店舗が複数ある場合の就業規則

　サロンを複数店舗運営している場合、就業規則の作成、届け出は店舗単位で必要になります。労働基準法では、1企業で2か所以上の営業所や店舗等を有している場合、企業全体の労働者の数ではなく、それぞれの営業所、店舗等を1つの「事業場」としてとらえます。

　「事業場」を「場所」で考えるとわかりやすいかもしれません。つまり、本店以外の場所でも複数の店舗を運営しているサロンでは、スタッフが10人以上いる店舗ごとに就業規則を作成し管轄する労働基準監督署に届け出る義務があるということです。この場合、各店舗が独立した「事業場」であることも必要です。本店と明らかに条件が異なり「独立性」を備えた店舗であるかどうかがポイントですが、実際の「独立性」の判断は各店舗の管轄する労働基準監督署に問い合わせ、実態を踏まえて相談しておくと確実です。

　なぜなのかというと、各店舗の「独立性」が認められない場合、本店で一括して就業規則を作成し届け出るケースもあるからです。もう少しわかりやすく申しますと、たとえば本店とあわせて3店舗を運営し、各店舗のスタッフ数が5人だったとします。オーナーは、いずれもスタッフ数が10人未満のため就業規則を作成せず、届け出もしていなかったとしましょう。

　ところが、のちに労働基準監督署から指摘を受け、3店舗は一括した「事業場」として扱われ、スタッフ数を合わせると15人となるため、就業規則の作成と届け出を求められるケースもあるからです。

　サロンの場合、開業時のスタッフ数が10人を超えることはまれかと思います。通常は数人でスタートし、業績が伸びるとスタッフが増え、つぎの店舗を出店といった流れのはずです。

　最初はスタッフ10人未満でも、新店出店にともないスタッフが10人を超えるという段階はあっという間です。そうなってから慌てて就業規則を作成するのでなく、早い時期から整備し作成しておくことが必要です。

就業規則作成によるメリット

　就業規則を作成、変更した場合の所轄の労働基準監督署への届け出に際しては、労働基準法第90条で、労働者の過半数で組織する労働組合がある場合はその労働組合、過半数で組織する労働組合がない場合は労働者の過半数を代表する者の意見を記し、その署名または記名押印のある書面（意見書）を添付しなければならないことが規定されています。

　この場合の「労働者の過半数を代表する者」とはつぎのいずれかの条件が求められています。

　①労働基準法第41条第2号で規定されている監督または管理の地位にある者でないこと

　②就業規則の作成および変更の際に、使用者から意見を聴取される者を選出することを明らかにして実施する投票、挙手等の方法によって選出された者であること。

　つまり、就業規則で規定された内容が、サロンを経営する側だけの判断でなく実際にそこで働く人たちが納得し決められたことを同時に届け出ることが求められています。

就業規則の作成

　だからこそ、就業規則の作成や変更にあたっては、その内容をよく吟味し慎重に進めることが重要です。特に就業規則の見直しや変更がスタッフの不利益になるようであれば、スタッフの過半数の代表の意見を事前にじゅうぶん聞き、その変更理由や内容が不合理なものでないよう検討することが必要です。サロンの就業規則はサロンを運営するみんなが納得し認めたルールとも言えます。信賞必罰もより明確になり、円滑なサロン運営が可能になります。

　また、作成した就業規則はスタッフ一人ひとりに周知することが求められます。一般的な方法としてはスタッフ全員に配布したりするケースがありますが、そのほかスタッフがいつでも見られるように職場の見やすい場所に掲示・保管したり、最近では電子媒体に記録して常時モニター画面で確認できたりといった方法も認められています。

　スタッフ全員がいつでもどこでもサロン運営のルールについて確認し理解できるため、オーナーひとりに頼ったサロン運営から脱し、スタッフが自主的に考える風土の育成にもつながります。

Part 2　どんな内容を就業規則に規定するのか？

就業規則記載事項は労働基準法で規定

　さてそれでは、就業規則にはどんな項目や内容を規定すればいいのでしょう？ここからは具体的に見ていきます。

　就業規則に記載する事項については、労働基準法第89条により、必ず記載しなければならない事項（以下「絶対的必要記載事項」）と、各事業場内でルールを定める場合に記載しなければならない事項（以下「相対的必要記載事項」）とが規定されています。また、使用者において任意に記載できる事項もあります。次頁に「絶対的必要記載事項」を「表1」、「相対的必要記載事項」について「表2」としてあげておきます。

　また、以上の労働基準法で定める「絶対的必要記載事項」、「相対的必要記載事項」を踏まえて作成される一般的な就業規則に記載する事項については同じく「表3」に整理しました。就業規則のいわゆる目次となるものの一例です。

　いずれの項目も具体的な内容の作成にあたっては一つひとつ確認し、サロンの方針や実態に合わせて検討していく必要があります。

　内容的にも多岐にわたり、労働基準法や関連法規に照らした判断も必要となるため、実際の作成にあたっては社会保険労務士に相談されることをお勧めします。特にサロンの場合、労働時間の扱いや残業の処理など一般的な業種に比べても特殊となるケースが多いため、サロンの実情に合わせて専門家と相談しながら進めることが、さまざまな労務トラブルを未然に防止することにもつながります。

Section 3　サロンに必要な

表1.「絶対的必要記載事項」

| 1. 労働時間関係 | 始業及び終業の時刻、休憩時間、休日、休暇並びに 労働者を二組以上に分けて交替に就業させる場合においては就業時転換に関する事項 |

| 2. 賃金関係 | 賃金の決定、計算及び支払いの方法、賃金の締め切り及び支払いの時期並びに昇給に関する事項 |

| 3. 退職関係 | 退職に関する事項（解雇の事由を含む） |

表2.「相対的必要記載事項」

| 1. 退職手当関係 | 適用される労働者の範囲、退職手当の決定、計算及び支払いの方法 |

| 2. 臨時の賃金・最低賃金額関係 | 臨時の賃金等（退職手当を除きます。）及び最低賃金額に関する事項 |

| 3. 費用負担関係 | 労働者に食費、作業用品その他の負担をさせることに関する事項 |

| 4. 安全衛生関係 | 安全及び衛生に関する事項 |

| 5. 職業訓練関係 | 職業訓練に関する事項 |

| 6. 災害補償及び業務外の傷病扶助に関する事項 | 災害補償及び業務外の傷病扶助に関する事項 |

| 7. 表彰・制裁関係 | 表彰及び、制裁の種類及び程度に関する事項 |

| 8. その他 | 事業場の労働者すべてに適用されるルールに関する事項 |

就業規則の作成

表3. 一般的な就業規則の目次・項目例

1. 総則
就業規則の目的、適用範囲、遵守等について

2. 採用、人事
採用手続、提出書類、試用期間、労働条件の明示、人事異動、休職等

3. 服務規律
服務、遵守事項、セクシュアルハラスメントの禁止、パワーハラスメントの禁止、個人情報保護、始業及び終業時刻の記録、遅刻、早退、欠勤等

4. 労働時間、休憩及び休日
労働時間及び休憩時間、休日、時間外および休日労働等

5. 休暇等
年次有給休暇、年次有給休暇の時間単位での付与、産前産後の休業、母性健康管理の措置、育児時間及び生理休暇、育児・介護休業、子の看護休暇等、慶弔休暇、病気休暇等

6. 賃金
賃金の構成、基本給、各種手当、割増賃金、代替休暇、休暇等の賃金、臨時休業の賃金、欠勤等の扱い、賃金の計算期間及び支払い日、賃金の支払いと控除、昇給、賞与など

7. 定年、退職および解雇
定年等、退職、解雇

8. 退職金
退職金の支給、退職金の額、退職金の支払い方法及び支払い時期

9. 安全衛生および災害補償
遵守事項、健康診断、健康管理上の個人情報の取扱い、安全衛生教育、災害補償など

10. 職業訓練
教育訓練など

11. 表彰及び制裁
表彰、懲戒の種類、懲戒の事由など

Section 3　サロンに必要な

Part 3　サロンの実態に即した就業規則の考え方

サロンの就業規則に必要な要素

　つぎにサロン向けの就業規則に必要なチェックポイントについて見ていきます。実際に、一般的な就業規則のひな形を右から左に流用するケースも少なくありませんが、すでに述べてきたように、就業規則はサロン運営の基本的なルールを労働基準法に則ってまとめるものである以上、できるだけ自サロンの実情や労働実態を踏まえて検討する必要があります。サロン固有の事情と一般に共通する事項をしっかりと整理して作成することで、はじめて自サロンの規範として機能します。

　また、就業規則とは別に、サロンの方針や経営理念、そこで働くスタッフの美容師としてあるべき姿など、必要な理念や行動指針などについても整理して周知しておくことも必要です。この2つがそろってはじめてオーナーやスタッフの行動原理となることも理解しておきましょう。

　ここでは、サロンの実情に適した就業規則を作成するうえで確認しおくこと、留意しなければならない事項について「表4」に整理しましたので、参考にしてください。

　このなかでも特に、「服務」の項目については注意が必要です。スタッフがサロンで働くうえの基本的なルールとなるため、サロンとして守ってほしいことがらをできるだけ具体的に整理してわかりやすく記載しておく必要があります。

　美容学校を卒業し入社した新卒のスタッフにとっては、サロンが社会人としてデビューする場となります。それだけに、若いスタッフが直接お客さまに接しサロン運営にあたるうえで戸惑うことがないよう、社会人として心掛けてほしい基本的なマナーやルールも踏まえて就業規則に整理しておくべきです。たとえば、「時間の厳守」「身なりや服装」「挨拶」「お客さまへの接遇」「器具や備品等の扱い」など、サロンとしてこうしてほしいという項目や内容をわかりやすく規定しておくことが大切になります。

就業規則の作成

表4. サロンの実状に即した就業規則を作成するための留意事項

1. 総則に関する事項

- ☐ 就業規則の適用対象者および適用範囲
（サロンの雇用形態の多くは正社員と
パートタイマーのため適用範囲も限定的となる）

2. 採用・人事に関する事項

- ☐ 試用期間は実情に即しているか?
- ☐ 身元保証人はいざという時の連絡先となっているか?
- ☐ 他の店舗への応援出張が可能となる規定になっているか?
- ☐ 海外出張にも対応しているか?(研修やショーなど)
- ☐ 休職規定は私傷病と精神疾患の両方に対応しているか?

3. 服務規律

- ☐ スタッフの目線で理解できるレベルで規定しているか?
- ☐ 美容業ならではの規定も織り交ぜているか?(服装や身なりなど)
- ☐ 独立時の顧客や顧客情報の利用、譲渡について規定しているか?
- ☐ 顧客情報の漏えい等について規定しているか?
- ☐ 顧客との私的なやりとりや関係について規定しているか?

4. 労働時間・休憩・休日・休暇に関する事項

- ☐ 営業時間前の朝礼実施について規定しているか?
- ☐ 自主練習を労働時間とみなされないように規定しているか?
- ☐ 交替制勤務の場合を行う場合にはその旨を規定しているか?
- ☐ 休憩時間の与え方は実態に合っているか?
- ☐ 年次有給休暇を法令通り与えているか?
- ☐ 計画年休を実態に合わせて規定しているか?

5. 賃金に関する項目

- ☐ 基本給や歩合給、各種手当など構成について規定しているか?
- ☐ 欠勤控除や遅刻等の場合の計算式をきちんと規定しているか?
- ☐ 時間外労働に対する手当について規定しているか?
- ☐ 固定残業について適切に規定しているか?
- ☐ 歩合給に対する割増賃金について規定しているか?

6. 退職金に関する事項

- ☐ 退職金を支払っている場合、その規定があるか?
- ☐ 退職金を支払っている場合、対象者を規定しているか?
- ☐ 計算方式、支払い方法について規定しているか?

7. 解雇、退職

- ☐ 解雇にあたる事由を具体的に定めているか?
- ☐ 包括的な条項も入れているか
- ☐ 行方不明者の退職を規定しているか?

8. 安全衛生

- ☐ 定期健康診断、二次健康診断の受診命令についての規定があるか?
- ☐ 新型インフルエンザなどの感染症に対応できる規定になっているか?

9. 福利厚生・教育訓練

- ☐ 社員の福利厚生や社内行事に関する規定があるか?
- ☐ 社内、社外の教育研修について規定しているか?
- ☐ 参加を義務付けている場合、業務命令できる規定となっているか?

10. 表彰および懲戒に関する項目

- ☐ 業務上、懲戒や制裁の対象となる事由について規定しているか?
- ☐ 懲戒や制裁の内容はサロンやスタッフの実情に合っているか?

Section 3　サロンに必要な

こんな就業規則は注意が必要

　ここでは、サロンの就業規則にまつわるよくあるケースで注意が必要な事例について紹介します。Section 2でも紹介した労働トラブル発生の要因ともなる「労働時間と残業代」に関する事例にもなりますので、確認しておいてください。

　サロンを新たにオープンし就業規則の作成を検討するオーナーのなかには、知り合いや仲間のオーナーに相談し、そこの就業規則を譲ってもらうケースが見受けられます。他のサロンの就業規則をひな形として参考にするケースです。ところが、その内容を細かく確認することなく、そのまま自分のサロンの就業規則とするオーナーもいらっしゃいます。手間を惜しむ気持ちはわからないでもないですが、この場合に注意しなければならないのが、「労働時間」についての検討です。季節や曜日によって繁忙期が変化しがちなサロンの営業実態を考えれば、変形労働時間制を採用して1日8時間を超える労働時間も可能な勤務シフトを工夫し見直したほうがよいはずですが、一般的な就業

NG1. 変形労働時間の規定が要件を満たしていない例

［勤務時間］

第○条　所定労働時間は、月間7日の有給休暇を除く範囲で変形労働時間制を採用し、週44時間を上限として、これを超えた分については超過勤務手当を支給します。

2　従業員は営業開始時刻の15分前に出勤し、営業開始前までに開店準備を完了します。

3　従業員は勤務時間前に出勤し、着替えを済ましてから業務開始に備えます。

4　従業員が出勤時間に遅刻をした場合は、店長にすみやかに報告し、遅刻が月間で3回を超える場合には、1時間単位で減給します。

就業規則の作成

規則でそうなっていないことが多いのです。

また、最近では残業代を固定的に支払うサロンで、就業規則への規定に問題がある例も見かけます。たとえば、「○○手当は、残業代とする」だけ規定しているような就業規則を多く目にします。こうした規定の仕方では、のちのち未払い残業代があると請求されるようなトラブルとなっても勝ち目はありません。

固定残業代が何時間分であり、また固定残業代を超える残業がある場合には、別途清算するということについて規定されていないからです。

就業規則はサロンの運営に必要なだけでなく、いざというときに公の判断の基準にもなるものです。法令や判例を意識して規定する必要があり、これらを怠って労働トラブルのリスク回避ができていない就業規則を作成しても意味がありません。だからこそ、専門家にも相談し、細かい部分に配慮しながら作成していく必要があるのです。

以下に実際によくある「変形労働時間」と「休職規定」についてNG事例と、そのNG理由について紹介します。

Check Point!

始業時刻と終業時刻の記載がないルールはNG
所定労働時間を必ず明記する

P.56の表1.「絶対的必要記載事項」でも紹介したように、労働基準法第89条では
就業規則に始業および就業時間を明記することが義務付けられています。
この就業規則の「勤務時間」の項目には、終業および就業の時刻が規定されておらず、
1日の所定労働時間が何時間かもわかりません。

また「勤務時間」の項目のなかに制裁規定を入れるなど、就業規則としても、
サロンの行動規範としても、機能するかどうかが疑わしい内容となっています。

さらに、営業開始時刻を始業時刻としていた場合、15分前に出勤を義務化しているため、
その分を未払い残業代として請求されてもおかしくはない規定にもなっています。

この就業規則の例にように、専門家のチェックが入っていない就業規則の場合には、
のちのち労働トラブルに発展してもおかしくないような記載も多く見られます。
必ず1回は専門家のチェックを経ることをお勧めします。

Section 3　　　　　　　　　　　　　サロンに必要な

NG2.休職規定が実情を踏まえていない例

［休職］
第○条　会社は従業員が、次の各号のいずれかに該当するときは
　　　　休職を命じることができる。

　(1)　私傷病その他の理由により欠勤が次の期間に達したとき
　　　　①勤続満1年以上満3年未満の者　　　3か月
　　　　②勤続満3年以上満5年未満の者　　　6か月
　　　　③勤続満5年以上の者　　　　　　　　1年
　(2)　勤続満1年以上の者が業務上傷病にかかり公傷休暇が消滅したとき
　(3)　出向を命ぜられたとき

2　前項(1)における勤続年数は欠勤開始日におけるものとし、欠勤期間は含まない。

［休職期間］
第○条　（省略）

［休職期間の取り扱い］
第○条　休職期間は勤続年数に算入する。

［復職］
第○条　休職が消滅したと認めたときは復職を命じる。

［休職期間の特例］
第○条　第○条○号により休職を命じられた者が、
　　　　復職後6か月以内に再び同一事由により欠勤しその期間が
　　　　1箇月以上に及ぶときは、以前の休職期間を通算する。

就業規則の作成

Check Point!

休職期間満了時に備えて、
主治医への情報開示などのルールを定めておく

この就業規則は、病状の判断や完治が難しいとされる精神疾患を患ってしまったスタッフが
休職期間の満了を迎えたようとした場合に、会社として対応が非常に困る規定となっています。

復職が可能かどうかを判断するにあたって、
主治医への情報開示の同意に関する条項がないため、
治癒の程度がどの程度かの定義も難しく、
休職期間満了を目前に混乱を招く可能性があります。
類似傷病の場合には休職期間がリセットされかねない規定にもなっており、
現代のストレス社会の事情をほとんど反映していません。

このように、就業規則があっても定めた時期が古かったり、
必要な見直しが行われていなかったりするケースは多く、
現在の社会状況や法令等にそぐわない例が少なくありません。
最近はこうした盲点をついて労働審判を申し立て、
数百万円もの未払い残業代を請求する事例も相次いでいます。

就業規則は一度作成したから安心というものでなく見直しも必要です。
定期的に専門家にチェックをしてもらいましょう。

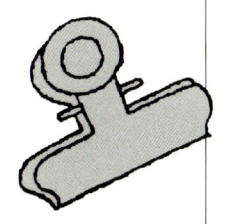

Owner Interview 1

ここではスタッフの労働環境の改善を進める
オーナーにインタビュー。
就業規則の整備と社会保険加入に取り組むことで、
目指すサロンの姿と思いを聞いてみます。

宍戸光太郎
（株式会社AQUA FEEL代表取締役）

オーナーとしてまず目指した
スタッフの労働条件の改善

―― いつ頃からサロンオーナーになろうと考えましたか？

20歳の時にはいずれ独立したいなと考えていました。25歳の頃にはより具体的に考えるようになりいくつかのサロンでの勤務を通じて将来のことを意識していました

―― 当時、将来どのようなサロンを作りたいと思っていらっしゃいましたか？

とにかくスタッフが委縮しないで、自由に意見が言えるような運営をしたいと考えていました。陰で自分のサロンの不平や不満を言うようなサロンには絶対したくないと思っていましたね。

スタッフがオーナーの顔色をうかがいながら仕事をするのでなく、とにかく仕事を楽しく感じられるサロン作りを目指しました。

―― 具体的には？

何よりもまずスタッフの満足です。そのために世間並みの労働条件を確保したいと思いました。

美容師の平均年収をほかの業種と比較すると、倍近い開きがあります。ですから、週2日の休日がとれて、給与水準も遜色のないサロンにすることを第一に考えています。

―― 週2日の休みを用意して必要な売り上げを確保するのは難しくないでしょうか？

正直なところ苦しい面もあります。でも、月6日の休みを前提に売り上げを確保しているようでは、いつまでたってもスタッフの労働条件も良くならないと思います。

月8日の休みでも、必要な売り上げを維持できる体質に変えていくことを強く意識しています。

―― ご自分が1スタッフとして働いていた当時、なにか感じていたことはありますか？

上京して最初の面接が、まるでアルバイトの採用のようなあっさりとした内容で少し拍子抜けしたのを覚えています。そのかわり、実際に働いてみるとスタッフがよく辞めていました。当時はそれも当たり前のように考えていましたが、今考えるとやはりおかしいと思います。幹部になってからは、オーナーとスタッフ双方の言い分が理解できる自分がいて、立ち位置が定まらずに独立を決断しました。

―― 実際に開業し、オーナーになってみてからはどうでしたか？

独立前に想い描いていたこととのギャップは多かったですね。特に予想以上に経費がかかることには驚きました。当たり前かもしれませんが、消費税や保険料などの負担はとても大きいと思います。売り上げや材料費といった目に見える部分だけなく、財務的な勉強も必要なことを実感しました。

―― 3年で6店舗を運営されるようになった今、どのような思いがありますか？

一番感じるのは美容師の仕事の価値ですね。海外などと比べても低いと思います。美容業界全体の価値をもっと上げていきたいという思いが強くあります。

―― その要因はどこにあると思われますか？

業界全体を見ると、自ら美容の仕事の価値や美容師

Salon Profile

AQUA FEEL
2011年6月に東京都大田区で開業。現在は東京、神奈川で6店舗を運営しスタッフ数は53人。
顧客満足＝従業員満足と位置付け、スタッフの笑顔を最優先に待遇改善と地位向上を目指す。

の社会的な地位を下げるようなビジネスが多いようにも感じます。低価格による集客競争などもそのひとつかもしれません。競争は必要ですが、低価格による競争が働くスタッフの賃金や労働環境に影響を及ぼすようではよくないと思います。そうした面では、業界として最低限のルールを確立していくことも必要ではないでしょうか？

就業規則の整備と社会保険加入で
採用難を乗り切る強い会社を目指す

── 確かに賃金の低さが社会保険の未加入問題に拍車をかけている一面もあり、改善は必要ですね。就業規則の整備もそうしたひとつでしょうか？

大きな目標になりますが、経営的には100店舗の展開を目指しています。そのためには、人材の確保と育成がいちばんの課題となってきます。

今の若い人たちは、働く環境や仕組みがしっかりしたサロンかどうかについても非常に細かく見てきますので、その要望にきちんと応えたいという思いから就業規則を整備しました。

── 就業規則を整備して具体的な変化は何かありましたか？

まず、自分がよりしっかりとした経営を行うという気持ちが強くなりました。もちろんきちんとした経営をすればするほど、人にも投資し人件費は上がります。そうすると、一定の売り上げも確保していかなければならない。サロン経営そのものをより深く追求するようになりました。

たとえば、幹部会議のあり方を考えたり、スタッフのモチベーションを維持していくために行動科学の勉強をしたりと、これまであまり考えなかったことも考えるようになって、色々と大変ですが経営そのものをより楽しめるようになりました。

── 現在、社会保険にも加入手続き中ですが、これも人材確保の側面は大きいですか？

はい、人材確保のために尽きます。社会保険加入は今、サロンにとってとても切実な問題です。

美容学校では、社会保険に加入しているサロンからまず学生に紹介しています。求人票を提出しても、未加入だとこの時点で出遅れてしまいます。

── 平成27年から社会保険未加入事業所に対する督促は相当に厳しくなります。法人でかつスタッフを多く抱えているサロンでは、経営がピンチになることも予想されます。今後、どのように考えていらっしゃいますか？

ある意味、業界全体がピンチかもしれません。確かに今の平均的な価格では、多くのサロンが社会保険に加入するとかなり厳しい経営状況になると思います。ただ、社会保険の問題は避けて通れないので、どうやったら加入しても大丈夫な体質の経営を目指すかが大事。そう考えて、加入の手続きに踏み切りました。これからは本当に経営者の力量が問われるのではないでしょうか？

先ほど申し上げたように、今一番考えているのは、働いてくれているスタッフの年収の向上です。平均年収で比べても全体で約450万円といわれているなか、美容業は約270万円です。少しでもその差を埋めていきたい。店舗数を増やすことより、まずそれが先だと考えています。

Section 4　サロンの就業規則の

さてここからは、いよいよサロンの就業規則に
必要な要素についてモデル規定を例にあげながら紹介していきます。
Section 3で述べてきた労働基準法第89条が定める
「絶対的必要記載事項」「相対的必要記載事項」のなかから
6項目をピックアップし、サロン向け就業規則作成のポイントとして整理しています。
各項目のモデル規定とその背景、さらには付随して
必要となる書式のサンプルと運用のポイントもあわせて紹介していきますので、
サロンオーナーとして最低限知っておくべき労務管理の知識ともなっています。
最近では、退職したスタッフからある日いきなり労働審判を
申し立てられるケースも増えています。
万一、そうしたトラブルに巻き込まれても万全の備えとなるよう、
サロンの労務管理の記録ともなる書式にもなりますので、
参考にしていただければと思います。

最重要項目とモデル事例

最重要項目-1　採用に関する規定　p.68

（1）採用
（2）提出書類
（3）美容師免許や健康状態の事前確認
（4）提出書類
（5）誓約書
（6）就業規則の遵守
（7）顧客情報の取り扱い
（8）身元保証

最重要項目-2　労働時間に関する規定　p.80

（1）労働時間と休憩について（基本パターン）
（2）変形労働時間制について
（3）時間外労働命令について

最重要項目-3　服務に関する規程　p.86

最重要項目-4　退職に関する規程　p.89

最重要項目-5　解雇に関する規程　p.91

最重要項目-6　懲戒に関する規定　p.95

Section 4　サロンの就業規則の

最重要項目-1　採用に関する規定

(1) 採用に関するモデル規定

（採用）

第○条　会社は採用を希望する者の中から、書類審査、面接その他必要と認められる方法で採用する者を決定する。

2　採用を希望する者は、会社の求めに応じて以下の書類を提出しなければならない。
ただし、会社はその一部の書類の提出を求めないことがある。

（1）履歴書
（2）職務経歴書
（3）学校の卒業証明書または卒業見込証明書および学校成績表
（4）保有する資格の証明書（美容師免許等）
（5）会社の指定する医師が発行する健康診断書
（6）その他、会社が採用を決定するにあたり必要不可欠な書類

最重要項目とモデル事例

採用に関して必要な書類のチェック

Check Point 1

必ず美容師免許の写しの提出を！

美容師として働く場合には美容師免許が必要。
採用の規定には必ず美容師免許の写しの提出を規定しておきましょう。

たとえば、新卒者の場合には、養成施設卒業前に国家試験を受験し
免許を取得できるようになっていますが、国家試験に合格できなかったケースや、
合格しても美容師免許取得の申請をしていないケースも想定されます。

また、他店で経験を積んだ中途採用社を採用する場合にも、
免許を保有しているかどうか確認し、写しを提出してもらうことは必須の条件です。

免許を保有していないスタッフをサロンで働かせた場合、使用した側の責任も問われます。
厳しい行政指導や閉鎖命令を受けることも覚悟しなければなりません。

そうならないためにも、採用にあたって美容師免許の写しの提出を求めることが必要です。
就業規則に規定することで、その確認漏れやあとあとのトラブルを予防します。

Check Point 2

健康状態の事前確認についても忘れずに

採用の前には健康状態を事前に確認することは非常に重要です。
特に美容師として働く場合、「腰痛」「手荒れや肌荒れ」「腕や肩の腱鞘炎」などは、
程度の差はあれ一種の職業病に近いものがあります。

特に中途採用者の場合には、これらのいずれかが原因で前職を退職しているケースもあり、
採用したあとでやがて同じ理由で休職を余儀なくされるケースさえ出てきます。

今すぐにでもスタッフが欲しいといったサロンほど、経験や待遇に目が行って、
本人の健康状態を確認しないまま採用するケースも目につきます。

万全を期すためには、「書式1」のような「健康状態に関する告知書」を記入し
提出してもらい、サロンで働くにあたり支障がないかを確認します。

ただし、記入や提出に強制力はありませんので、きちんと主旨を説明し記入提出をお願いする
ことが重要です。あくまで、本人の同意を得た場合に記入、提出してもらうようにしましょう。

Section 4　サロンの就業規則の

書式1. 健康状態に関する告知書

株式会社〇〇〇〇
代表取締役　　　　殿

健康状態に関する告知書

　私は、貴社に入社を希望するにあたり、採用段階において次の健康状態をチェックすることについて、その必要性について説明を受け理解したので、同意の上、本告知書を提出いたします。尚、本告知書に異議を申し立てないことを誓約します。

質問1　過去5年以内において、鬱（うつ）病などの精神的な病気に罹患し通院または入院したことはありますか？"
回答　　はい・いいえ
　　　　はいと回答された場合は具体的な内容を以下に記載してください。
　　　　_____
　　　　_____

質問2　過去5年以内において、腰痛、首痛、または腱鞘（けんしょう）炎などが原因で通院または入院したことがありますか？
回答　　はい・いいえ
　　　　はいと回答された場合は具体的な内容を以下に記載してください。
　　　　_____
　　　　_____

質問3　過去5年以内おける既往症があれば以下に申告してください。
　　　　ただし、HIVや肝炎等は除きます。
回答　　_____
　　　　_____
　　　　_____

私の健康状態は上記の通り相違ありません。
　　　年　　月　　日
　　　　　　　　　　　　　　　　　氏名　　　　　　　　　（自署）印

最重要項目とモデル事例

(2) 提出書類に関するモデル規定

（提出書類）

第○条　会社は、従業員を採用するにあたり、採用後会社指定の期日までに次の必要書類の提出を提出させる。ただし、会社は、その一部の必要書類の提出を求めないことがある。

（1）誓約書
（2）身元保証書
（3）住民票記載事項証明書
（4）源泉徴収票
（5）雇用保険および厚生年金保険の各被保険者証
（6）その他会社指定する書類

2　前項第1号の誓約書、第2号の身元保証書に関する規定については、第○条または第○条による。

3　第1項に定める必要書類が会社指定期日までに提出されない場合には、採用内定を取り消し、または解雇することがある。

Section 4　サロンの就業規則の

身元保証人の必要性

Check Point 1

身元保証書の提出義務を明記する！

サロンに入店してすぐに欠勤し、
やがて無断欠勤いて本人と連絡が取れなくなるケースも少なくなく、
サロンとしてどう対応していいのか困ってしまうという相談を受けます。

そうならないために、既定の(2)にあるように
「身元保証書」の提出を義務付けておきます。

本人に何かあった場合には身元保証人が責任をもって対応することを
採用の段階で確認しておくことで、
万一の場合でも身元保証人の協力を得ながら対応できます。

Check Point 2

中途採用者には「雇用保険被保険者証」の提出も

中途採用者の場合には(5)の「雇用保険被保険者証」の提出も重要です。

たとえば、前職で雇用保険の被保険者であったかどうかを
把握せずに採用すると、入社後すぐに会社都合で
退職してもらわなければならないような事態が発生した場合に、
失業給付受給に必要な被保険者期間が不足していたりするケースも出てきます。

また、出産し育児休業給付を申請しようとした時点で、
自社の被保険者期間だけででは給付対象に数か月足りないというケースも出てきます。

入社時に前職での雇用保険の加入状況を確認し、
もし前職で雇用保険の加入義務があるにもかかわらず未加入の場合は、
本人を通して前の職場に雇用保険の加入促進を行ってもらいましょう。

個人事業からスタートして途中で法人化したサロンなどには、
労災保険と雇用保険が未加入のままになっているケースもあるため、
今後雇用保険の被保険者期間を巡るトラブルは増えることも予想されます。
それを避けるうえでも、提出を義務付けておきましょう。

最重要項目とモデル事例

（3）誓約書に関するモデル規定

（誓約書）

第○条　会社は、採用を決定するにあたり、誓約書の提出を命じることがある。

2　誓約書については、会社指定の用紙に各自で署名押印し、会社に提出するものとする。

3　会社が指示する期間内に誓約書を提出しない場合には、採用内定を取り消し、または、本採用を拒否することがある。

Section 4　　　　　　サロンの就業規則の

書式2. 誓約書

　　　　　　　　　　　　　　　　　　　　　　　　　　　　　　　年　月　日

誓約書

株式会社〇〇〇
代表取締役　　　　　　　殿

　　　　　　　　　　　　　　　　　　　　　　　現住所
　　　　　　　　　　　　　　　　　　　　　　　氏　名　　　　　　　　印
　　　　　　　　　　　　　　　　　　　　　　　生年月日

　私は、このたび貴社従業員として入社するにあたり、下記の事項について厳守し履行することをここに誓約いたします。

記

1. 会社の就業規則および服務に関する諸規則に従い、誠実に勤務します。
2. 会社に止むを得ない事情が発生し、他の店舗への応援について要請があった場合には、積極的にそれに応え勤務いたします。
3. 会社から指定され提出した書類およびその内容について、虚偽の記載はありません。
4. 業務に精励し、会社の社会的価値を貶めるような犯罪行為、法律違反にあたる行為は行いません。
5. 業務上知り得た顧客情報および会社の機密事項については、在職中および退職後を問わず、他に一切漏らすことはありません。
6. 自らの故意または重大な過失により会社に損害をもたらすような行為があったときには、自らがその責任を負います。

　　　　　　　　　　　　　　　　　　　　　　　　　　　　　　　　　以上

最重要項目とモデル事例

誓約書を提出してもらう意味

Check Point 1

就業規則の周知と遵守を規定する

「誓約書」が大切な理由のひとつに、もしスタッフが退職したあとで未払い賃金の請求などの訴訟に発展した場合、本人が「就業規則を見たことがありません」と主張することも考えられ、サロン側が就業規則の周知義務を怠った判断されることもあるからです。

そうした事態に陥らないよう、採用時に就業規則を周知するとともに、その内容について遵守することを確認し前ページ書式2.のような「誓約書」として記録に残しておく必要があります。

実務的には、採用時や入社時に就業規則を見せながら説明したうえで、本人に誓約書にサインしてもらうとスムーズです。

就業規則を作成したにもかかわらず、机の中に大切に保管しているというサロンは少なくありません。労働基準法では就業規則の作成だけでなく、従業員に周知する義務も規定されています。採用時だけでなく、ファイルなどに綴じてスタッフがいつでも見られるようになっているかかも大切なポイントになってきます。

Check Point 2

「顧客情報」の取り扱いに関する誓約書

前ページ書式2.の「誓約書」の5.には、情報保護の遵守について規定していますが、万全を期すために、右の書式3.ような「個人情報の取り扱いに関す誓約書」も用意して、提出してもらいましょう。

サロンの多くは、さまざまな形の「顧客カード」や「カルテ」などで顧客の大切な個人情報を取り扱い保管しています。新たに採用するスタッフにはサロンとしての個人情報の取り扱いや保護について説明し、同意を得ておく必要があります。

また、本人が退職したあとで、サロンの顧客に個別に連絡を取ったりした場合には、サロンの情報管理の甘さを指摘されたり、信用を失ってしまうことにもつながります。顧客情報も「個人情報保護法」で目的以外の使用を禁じられています。万が一漏えいや意図的に顧客情報を持ち出したり利用した場合には、損害賠償責任が発生することも確認しておきましょう。

Section 4　　　　　　　　サロンの就業規則の

書式3. 秘密情報及び個人情報の取扱に関する誓約書

秘密情報及び個人情報の取り扱いに関する誓約書

株式会社○○○
代表取締役　　　　　　　　　殿

　この度、私は貴社に勤務するにあたり、以下の事項を遵守することを誓約いたします。

第1条（秘密保持の誓約）
　私は、貴社就業規則および諸規定を遵守し、誠実に職務を遂行することを誓約するとともに、以下に示される貴社の技術上または営業上の情報（以下「秘密情報」という）について、貴社の許可なく、如何なる方法をもってしても、開示、漏洩もしくは使用しないことを約束いたします。
①業務で取り扱うお客様の個人情報（カルテ、データ端末入力事項等）
②財務、人事、組織等に関する情報
③他社との業務提携および業務取引に関する情報
④その他、貴社が秘密保持対象として取り扱う一切の情報

第2条（秘密の報告および帰属）
　私は、秘密情報は貴社の業務上作成または入手したものであることを確認し、当該秘密の帰属が貴社にあることを確認いたします。また当該秘密情報について、私に帰属する一切の権利を貴社に譲渡し、その権利が私に帰属する旨の主張をいたしません。

第3条（秘密情報の複製等の禁止）
　秘密情報が記載・記録されている媒体については、業務以外の目的で複製・謄写しないこと、および業務以外の目的で貴社の施設外に持ち出しをしないことを約束いたします。

第4条（退職後の秘密保持）
1. 秘密情報については、貴社を退職した後においても、開示、漏洩もしくは使用しないことを約束いたします。また秘密情報が記載・記録されている媒体の複製物および関係資料等がある場合には、退職時にこれを貴社にすべて返還もしくは廃棄し、自ら保有いたしません。
2. 退職後にお客様情報を利用し、顧客に連絡等を一切行いません。

第5条（損害賠償）
　前各条に違反して、貴社の秘密情報を開示、漏洩もしくは使用した場合、法的な責任を負担するものであることを認識し、これにより貴社が被った一切の損害（訴訟関連費用を含む）について、その全額を賠償します。

第6条（従業員の個人情報管理に関する同意）
　私は、貴社が実施する労働者の個人情報管理について、以下の事項に同意します。
①個人情報は労務管理、福利厚生、緊急連絡等の目的で使用されること。
②給与計算や年末調整業務等で、一定の基準を満たす委託先に個人情報が第三者提供または預託されること。
③個人情報が開示され、誤った情報があった場合は、直ちに訂正等の処置が行われること。
④個人情報が誤っていた場合、税務手続き等で適切に処理されない可能性があること。
⑤個人情報の管理に関するお問い合わせは、代表者が対応すること。

　　　　　　　　　　　　　　　　　年　　月　　日
　　　　　　　　　　　　　　　住　所
　　　　　　　　　　　　　　　氏　名　　　　　　　　　　印

最重要項目とモデル事例

(3) 身元保証に関するモデル規定

(身元保証)

第○条　会社は、従業員が入社するにあたり身元保証書の提出を命じる。なお、会社が指定する日までに身元保証書の提出がない場合には、採用内定を取り消し、または、本採用を拒否することがある。

2　身元保証人は、会社が適当と認めたもの2名（1名は必ず父母兄弟等の親族）とする。ただし、やむえない事情がある場合があると認められる場合は1名とする。

3　身元保証の期間は5年間とする。ただし、会社が必要と認めた場合には、身元保証の期間の更新を求める場合がある。

Section 4　サロンの就業規則の

「身元保証書」提出の果たす意味

Check Point 1

万一に備えて、身元保証人と協力できる体制を

採用したスタッフが無断欠勤が続いたり、
何か問題を起こしたりした場合には、
まず身元保証人に協力を求めることが大切です。
そのために上記規定とあわせて次ページに紹介する
書式4.のような「身元保証書」を記入し提出してもらうことが必要です。

無断欠勤を理由に、普通解雇や服務規定違反として懲戒解雇を検討する前に、
身元保証人にサロンでの勤務状況などを報告し、
協力と理解を求めることができるようにしておきましょう。

もし、スタッフと連絡がとれなくなったりした場合にも協力を求めることができるよう、
予め身元保証人にも意識しておいてもらうことで、
初動時から円滑な話し合いや処遇の相談も可能です。

できれば「身元保証書」の提出だけでなく、
採用時にサロンから身元保証人のもとに
挨拶に行くなどしておくことで、
いざという時に前向きに対応してもらえる
関係をつくっておくことも大切です。

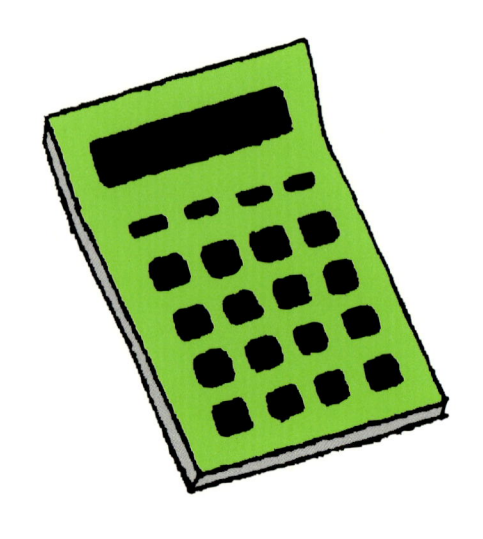

最重要項目とモデル事例

書式4. 身元保証書

平成○○年○月○日

身元保証書

株式会社○○○
代表取締役　○○○○　殿

　　　　　　　　　　　　　　　　　　　　　　身元保証書
　　　　　　　　　　　　　　　　　　　　　　被保証人
　　　　　　　　　　　　　　　　　　　　　　住　　所
　　　　　　　　　　　　　　　　　　　　　　○○○○　　　　㊞
　　　　　　　　　　　　　　　　　　　　　　身元保証人
　　　　　　　　　　　　　　　　　　　　　　住　　所
　　　　　　　　　　　　　　　　　　　　　　○○○○　　　　㊞

　被保証人（以下「本人」という。）が貴社に入社するにあたり、本人の雇用の日より5年間にわたりその身元保証人として、下記の事項について約束するとともに、本人に貴社の就業規則および諸規則を遵守し、忠実に職務を遂行させることを約束いたします。

記

1. 本人が精神的、身体的、その他人物的に健全であり、貴社の労働者として適格性を有していることを保証します。万が一、貴社への入社後に精神・身体的その他の事由において問題を生じた場合には、貴社に対し本人の退職等の措置に関し、問題解決に向けて全面的に協力し、誠実かつ積極的に対応いたします。

2. 本人が無断欠勤等で所在が不明な場合において、本人の所在確認に全面協力いたします。

3. 万一本人が貴社に対し、故意または過失をもって損害をおかけしたならば、本人に責任をとらしめるとともに、本人に代わって賠償することをお約束いたします。

以上

Section 4　サロンの就業規則の

最重要項目-2　労働時間に関する規定

(1)「労働時間および休憩」モデル規定

労働時間と休憩
（所定労働時間および休憩）

第○条　所定労働時間は、実働8時間とし、次の通り定める。なお、1週間とは月曜日から日曜日とする。

(1) 始業時刻　　　　9時45分
(2) 終業時刻　　　　19時15分
(3) 休憩時間 ①食事休憩として所定労働時間内に25分
　　休憩時間 ②その他交替にて所定労働時間内に合計65分

2　前項の休憩時間は、所属長（店長等）の判断のもと、交替にて取得するものとする。

3　会社は、前項の始業・終業時刻を業務の都合その他やむを得ない事情により繰り上げ、繰り下げることがある。

最重要項目とモデル事例

労働時間に応じた休憩が必要

Check Point 1

サロンの労働時間管理は休憩時間の工夫とセット！

労働基準法第32条では、1日の法定労働時間は8時間までとされています。
しかしながら上の規定のように、ほとんどのサロンでは営業時間そのものが
8時間をこえています。1日の労働時間が8時間におさまるように、
スタッフのシフトを組み交代勤務制をとるサロンありますが、まだ少数派です。

また、同じく第34条では、1日の労働時間が6時間を超え、
8時間以下の場合は少なくとも45分、
8時間を超える場合は少なくとも1時間の休憩を与えなければならないと規定されています。
労働時間と休憩時間の設定はオーナーの頭を悩ませる問題です。

前ページ（1）の「労働時間と休憩について」はその一例となる規定です。
「休憩時間①」としてまず昼食を取るのに最低限必要な25分を規定。
さらに「休憩時間②」として、その他の時間帯にとれる休憩時間を65分までとしています。

Check Point 2

1日の予約やお客さまの状況に応じて休憩時間を検討

実際の運用では、お客さまの予約を受ける段階で休憩時間に配慮した検討も必要です。
なかなか難しい課題ですが、適正な労働時間管理を実現するためには検討すべきです。

また、営業時間中に来客が途切れ手持ち無沙汰になった時間を、
休憩時間として区切り管理する方法も可能です。
そのために、休憩はバックヤードやスタッフルームで取ることを規定し、徹底しておきます。

同じようにアイドルタイムが多く、労働時間とは言えない時間が続くような日には、
スタッフの同意を得た上で、追加で休憩時間を取得してもらうことも可能です。
その分をプラスして終業時間とすることができるため、
夕方や仕事帰りに来店されるお客様にも対応できます。

ただし、これを乱発すると拘束時間が長くなるため、
労働基準監督署から指導の対象となる恐れもありますので注意してください。
1か月の総労働時間を踏まえた適切な管理が必要です。

Section 4　サロンの就業規則の

（2）「変形労働時間制」に関するモデル規定
1か月単位の変形労働時間制（「労働時間及び休憩の特例」）の場合

（1か月単位の変形労働時間制）

第○条　労働基準法第40条「労働時間および休憩の特例」に該当する事業所の所定労働時間は、毎月1日を起算日とする1か月単位の変形労働時間制により、1か月を平均して1週44時間を超えないものとする。

2. 始業および終業時刻は、次の通りとする。

　（1）月曜日、火曜日、水曜日、木曜日、金曜日、土曜日
　　　　始業時刻　9時35分
　　　　終業時刻　19時30分
　　　　休憩時間　所定労働時間内で1時間10分

　（2）日曜日
　　　　始業時刻　8時35分
　　　　終業時刻　18時30分
　　　　休憩時間　所定労働時間内で1時間10分

3. 始業時刻とは、所定の就業場所で業務を開始（実作業の開始）する時刻をいい、終業時刻とは、業務の終了（実作業の終了）の時刻をいう。

4. 会社は、業務の必要性がある場合は、事前に通知した上で、第2項の始業・終業時刻を繰り上げ、または繰り下げることがある。

最重要項目とモデル事例

Check Point 1

サロンの営業実態に合わせた変形労働時間制の活用！

労働基準法では1週の労働時間40時間までと定めていますが、業種によっては
従業員が10人未満の場合、特例措置として1週44時間まで認められています。
サロンの場合もスタッフが10人未満で独立した事業場となっているケースはこれにあたります。

この場合、「1か月単位の変形労働時間制」を採用することで1週44時間を
より効果的に活用できます。先に述べた1日8時間の枠を超えても1週で44時間を超えなければ、
大丈夫な働き方となります。前ページがそのモデル規定です。

また、通常の労働時間であれば、1日8時間を超えると割り増し賃金の支払い義務がありますが、
変形労働時間制の場合には一定条件をクリアすれば、その必要がないケースもあります。
参考までに、1週44時間の枠を使った場合の1日の変形労働時間の例をあげておきます。

Check Point 2

1週44時間の特例を使った
1か月単位の変形労働時間制の例

前ページ（2）の規定にある
実働1日8時間45分のシフトで
×1週5日間勤務とすると、
1週の労働時間数は43時間45分です。

休憩時間を勤務時間内に
分散させて交替で取得することで、
営業時間に最低限在社が可能とします。

なお、休憩は労働基準法第34条で
1事業場で一斉に与えることが
定められていますが、サロンなどの
商業・サービス業関係の事業場に
おいては、交替で取得できる
（一斉付与の除外）ことになっています。

始業9:35～終業が19:30の場合の変形労働時間例

起算時刻	～	終了時刻	休憩時間数	通算実働時間数
9:35	～	11:35		2時間
11:35	～	11:45	10分	
11:45	～	13:35		3時間50分
13:35	～	14:05	30分（食事）	
14:05	～	15:55		5時間40分
15:55	～	16:05	10分	
16:05	～	17:55		7時間30分
17:55	～	18:05	10分	
18:05	～	18:55		8時間20分
18:55	～	19:05	10分	
19:05	～	19:30		8時間45分

Section 4　　　　　サロンの就業規則の

（3）時間外労働命令についてのモデル規定

（時間外労働）

第○条　会社は、業務の都合により、従業員代表との間で締結している労使協定の範囲内で、時間外労働を命じることがある。
　　　　ただし、満18歳未満の従業員には時間外労働を命じない。

2　前項のほか、小学校就学前の子の養育または家族の介護を行う一定範囲の従業員で、会社に請求した者については、事業の正常な運営を妨げる場合を除き22時00分から翌朝5時00分までの深夜に労働させることはない。

3　妊産婦で請求のあった者および18歳未満の者については、第1項による時間外または22時00分から翌朝5時00分までの深夜に労働させることはない。

4　やむを得ず時間外労働の必要性が生じた場合、従業員は店長に申し出て、承認を得なければならない。従業員が、会社の許可なく時間外労働を行った場合、当該労働に該当する部分の通常賃金および割り増し賃金は支払わない。

最重要項目とモデル事例

Check Point 1

時間外労働は事前申請と所属長の許可が必要

サロンにおける労働時間は営業時間帯に直結するため、
通常であっても労働基準法の法定労働時間を超えたり、
変形労働時間制を採用した場合でも
時間外労働が生じることは容易に想定できます。
そのため、前ページ（3）のように就業規則に
「時間外労働」を命じるための規程が必要です。

時間外労働に関しては事前申請を原則とし、
かつ所属長の許可を得た時間帯を
時間外労働として認める規定が必要です。

営業終了後（終業時刻後）の時間帯に技術向上を目的に
カットなどの練習を行うケースはよくありますが、
事前にその目的と所要時間を申請し、
かつ業務管理者（サロンの場合は主に店長）の許可のもとで行わないと、
実際に要したすべての時間を時間外労働として
算定される場合もありますので、注意が必要です。

Section 4　サロンの就業規則の

最重要項目-3　服務に関する規程

服務に関するモデル規定

（服務）

第○条　従業員は次の事項を遵守しなければならない。

（1）美容師またはアシスタントとして身なりや服装に気をくばり、体臭や口臭等でお客様が不愉快に感じることがないよう心がけなければならない。

（2）勤務中は職務に専念し、みだりに勤務の場所を離れてはならない。

（3）許可なく業務以外の目的で会社所有の美容材料、備品、物品などを使用してはならない。

（4）会社に事前に届け出ることなく遅刻、早退または欠勤をしてはならない。

（5）勤務時間中に、無断で私用のための外出をしてはならない。

（6）勤務時間中に、業務と関係のない私語によって周囲の仕事の妨げになってはならない。

（7）職権を超えて、自分だけの考えで物事を決めたり行ったりしてはならない。

（8）会社のやむを得ぬ事情により、他の店舗への応援を命じられたときは、特段の事情がない限りその指示に背いてはならない。

最重要項目とモデル事例

(9) 出勤時および退社時にあいさつをしないで入店および退店してはならない。

(10) 会社から許可がない服装で接客してはならない。

(11) 他人に対し暴行、脅迫を加えまたはその業務を妨げてはならない。

(12) 所定の場所以外での喫煙をしてはならない。

(13) 頭髪、つめなどを不衛生にしてはならない。

(14) 会社は規律保持のため、業務上必要があると判断する場合に所持品検査を実施することがある。この場合、従業員は所持品検査を拒んではならない。

(15) 会社の内外を問わず、会社の信用や名誉を損なう行為はしてはならない。

(16) 会社に対し申告すべき事項について虚偽の申告を行ってはならない。

(17) 他の従業員に代わってタイムカードを打刻してはならない。

(18) 会社の許可なく、在職中または退職後においても競業行為を行ってはならない。

(19) お客さまからクレームがあった場合は必ず店長に報告しなければならない。

(20) トイレやバックヤード（休憩室）の清掃は自ら進んで行わなければならない。

(21) 職場の整理整頓に努め、職場を常に清潔に保たなければならない。

(22) お客さまから物品の贈呈を受けることがあった場合、個人として受領することはせず、必ず店長に報告しなければならない。

(23) 会社が業務上必要と判断し行う調査やリサーチに協力しなければならない。

(24) 前記各号のほか、従業員としてふさわしくない行為をしてはならない。

Section 4　サロンの就業規則の

サロンの実態に合わせた服務のルールが必要

Check Point 1

**細かくても、必ず守ってもらいたいことを
もれなく明記する！**

服務については、サロンで働く上での基本的なルールをまとめたものです。
できればサロンとして必ず守ってもらいたいことを漏れなく規定することが必要です。

前ページの規定例のように、勤怠管理、衛生面、清掃、店舗の使用など、
接客サービス業であると同時に公衆衛生業種でもある
サロンにとって大切な項目を規定しておきましょう。

特に、勤怠に関しては遅刻や無断欠勤の対応に苦労することも多いため、
対応できるように服務にきちんと規定しておきます。

また、服装や身なりなどは、サロン全体の雰囲気やお客さまの印象に
直接影響を及ぼす要素ともなるため、
一般的な常識やお客さまの立場に立った規定が大切です。

(18)にある競業防止については服務規定だけでは現実的には難しいため、
すでに述べたように顧客情報の持ち出しや
秘密保持に関する誓約書を作成し事前に提出しておいてもらいます。

また、(22)にあるようにお客さまからの頂きものに関する規定は、
サロンによって考え方は異なりますが、
できれば個人ではなくサロンとして受け取ることを
徹底しておいたほうがよいかと思います。

最重要項目とモデル事例

最重要項目-4　退職に関する規程

退職に関するモデル規定

（退職）

第○条　会社は、従業員が次のいずれかに該当する場合には退職とし、その日を退職日とする。

（1）死亡したとき

（2）休職中の従業員で復職の目安が立たず、休職期間が満了したとき

（3）第○条に定める定年年齢に到達したとき

（4）退職を申し出て承諾を得た場合

（5）従業員の所在、行方が不明となり、1か月を経過しても会社に連絡がないとき、および所在が判明した場合でも会社からの連絡に応じず1か月を超えて無断欠勤が続いたとき

Section 4　サロンの就業規則の

Check Point 1
無断欠勤への対応を退職の事由にも規定する

サロンでもスタッフが連絡なく突然出勤しなくなったという事例は昔から絶えません。
所在や行方がわからなくなり、サロンから連絡がとれないというケースもよくあります。
最近ではメールやSNSでメッセージを残すことも可能ですが、
本人からの応答はないことがほとんどのため、対応に悩みます。

前ページの退職に関する規定例の(4)は、
こうしたケースを退職扱いとするための規定です。

従業員が1か月以上も欠勤が続いて連絡が取れない場合には、
自然退職の事由にあたり、雇用契約上の退職理由となることを規定しています。

多くの就業規則では、「普通解雇」の事由のひとつに
「行方不明の場合」を規定しています。
しかし、解雇は使用者が一方的に労働契約の解消を行う行為のため、
対象となる従業員にまず解雇の意思表示をする必要があります。
対象となる従業員が行方不明の場合これができません。
民法98条第3項にある「公示」によって解雇の意思表示を
行うことが可能ですが、多くのサロンの事務手続きの実態を見ると、
「公示」による方法は現実的でありません。

オーナーとしてはつい「クビ、解雇!」と言いたくなりますが、
退職の規定に(4)を入れることで解雇ではなく
自然退職とすることが可能になります。

最重要項目とモデル事例

最重要項目-5　解雇に関する規程

解雇に関するモデル規定（普通解雇）

（普通解雇）

第○条　従業員が次のいずれかに該当する場合は、普通解雇する。

（1）精神または身体の故障により業務遂行に堪えないと認められたとき
（2）勤務能率が不良で就業に適さないと認められたき
（3）勤務成績が著しく劣り、改善の見込みがないとき
（4）強調性や勤務態度に問題があり、改善しないとき
（5）出勤状況がかんばしくないとき
（6）事業の縮小、廃止その他会社の経営上やむを得ない事由のあるとき
（7）その他前各号に準じる程度に雇用を継続し難いやむを得ない事情のあるとき

2　会社は、前項各号のいずれかに該当する場合でも、次の各号のいずれかに該当する期間中は従業員を普通解雇しないものとする。ただし、天災事変その他やむを得ない事由のために事業の継続が不可能となった場合はこの限りでない。

（1）従業員が業務上の負傷または疾病の療養のため休業する期間および、その後30日間。ただし、会社が労働基準法81条の規定により打ち切り補償を行ったとき、または、休業期間が3年以上であって、従業員が労働者災害補償保険法にもとづく傷病補償年金を受けているときは、この限りでない。
（2）産前産後の女性が労働基準法第65条の規定により休業する期間およびその後30日間。

3　普通解雇の場合には、30日前までに通知する。普通解雇の予告をしない場合には、平均賃金の30日分以上の予告手当を支払う。なお、予告の日数は、1日について平均賃金を支払った場合においては、その日数を短縮することができる。

Section 4　サロンの就業規則の

Check Point 1

サロンに多い？　安易な解雇はトラブルのもと

よくあるケースとしては、無断欠勤が3日程度続いた程度で普通解雇を行い、
のちに不当解雇として労使トラブルに発展する場合です。
ほんの些細な理由で普通解雇に踏み切るサロンもあるため、
不当解雇とのちに争いが起こるリスクを十分に認識してもらう必要があります。

サロンでの解雇に関するトラブルの多くが、口頭で「明日から来なくてもいい」など注意している最中に感情的になってしまい、ついつい余計な一言が口をついて出る場合です。

余計な一言を言ってしまったために、後から何百万円もの未払い残業代を請求されて
支払うケースもあったため、どんな言葉が後にトラブルになるかも知っておく必要があります。
徒弟制度が色濃く残る美容業界ですが、昔は問題なかった一言が今では大きなトラブルを
呼び込む場合もありますので、不用意な一言には十分に気をつけてください。

Check Point 2

ちょっと待って！ 解雇には十分な理由が必要です

- ☐ 服装や格好がだらしない
- ☐ 朝の寝坊が目立つ
- ☐ 友人を店舗に招いて談笑する
- ☐ 店舗の備品を粗末に扱う
- ☐ 店長の指示に従わない
- ☐ 技術がいつまでたっても向上しない etc

極端な解雇の例としては、上記のようなことが目立つスタッフに1～2回注意しても
改善が見られないため、解雇を言い渡すといったケースです。
労務管理の視点から見ると、これは非常に安易で不当解雇にあたるケースもあります。
解雇にあたっては十分な検討が必要なことを、まず理解しましょう。

具体的に問われるのは、解雇する十分な理由があるかどうかということです。
サロンから一方的に雇用契約を解消するわけですから、
それ相応の客観的な状況や理由が必要となります。

最重要項目とモデル事例

Check Point 3
解雇には必ず予告が必要

解雇には十分な理由のほかに一定の手続きが必要です。
どうしてもスタッフを解雇しなければならないような場合、
どうしたらいいでしょう?

まずスタッフを解雇する場合、解雇の予告を行わなければなりません。
予告は口頭でも文書でもよいとされていますが、
解雇の意思表示を明確にするためにも、
実務上は次頁書式5のような「解雇予告通知書」を作成し通知します。

「解雇予告通知書」には可能な限り、
解雇の判断に至ったスタッフの状況がどのようなものであったのかを、
具体的に記すことが望ましいと言えます。
つまり、解雇の十分な理由となりうるかどうかを判断するためです。
書式5.がそのサンプルです。

また、「解雇予告通知書」として文書として
それまでの状況をあわせて文書に残すことで、
仮にトラブルに発展した場合でも効力を発揮してくれることが期待できます。
問題が多いスタッフほど、問題行動を時系列で整理し、
具体的にどの程度のものであったのかを記録しておくなど、
できるだけ詳細に記入することが大切です。

Section 4　サロンの就業規則の

書式5. 解雇予告通知書の作成例

　　　　　　　　　　　　　　　　　　　　　　　　　　　　　　年○月○日

○○○○　殿

　　　　　　　　　　　　　　　　　　　　　　　　　株式会社○○○○○
　　　　　　　　　　　　　　　　　　　　　　　　　代表取締役　○○○○　印

解雇予告通知書

　貴殿は、かねてからお客様より多数のクレームをいただくなど勤務態度が著しく不良な点が見受けられるとともに、そのほか遅刻や無断欠勤など勤怠不良も多く、明らかに就業規則違反にあたります。

　会社は貴殿に対し再三にわたり口頭および文書にて注意、指導を行ってまいりましたが、なんら改善が見られませんでした。

　また、本解雇予告通知を行う前においても、貴殿に弁明の機会を設け、意見を聴取し、改善を期待しましたが、弁明後においてもなお、お客様からのクレームや貴殿の遅刻はなくなりませんでした。

　以上のような理由から、就業規則第○条「○○○○○」に基づき、貴殿を平成○年○月○日付で解雇することを通知いたします。

　　　　　　　　　　　　　　　　　　　　　　　　　　　　　　　　以上

最重要項目とモデル事例

最重要項目-6　懲戒に関する規定

懲戒に関するモデル規定

第1条（懲戒種類）
　従業員の懲戒処分は、譴責、減給、出勤停止、懲戒解雇の4種類とする。

第2条（譴責）
　譴責は始末書をとり将来を戒める。

第3条（減給）
　減給は始末書をとり1回について平均賃金の1日分の半額以内、総額が一賃金支払い期における賃金総額の10分の1以内で減額する。

第4条（出勤停止）
　出勤停止は始末書をとり、30日以内で出勤を停止し、その期間の賃金を支給しない。

第5条（懲戒解雇）
　予告期間を設けることなく、即時に解雇する。この場合、所轄労働基準監督署長の認定を受けたときは解雇予告手当を支給しない。

第6条（譴責に該当する事項）
　従業員が次の各号のいずれかに該当する場合は、譴責に処する。

　（1）正当な理由がなく無断欠勤が2日以上に及んだ場合。

Section 4　サロンの就業規則の

(2) 正当な理由がなくしばしば遅刻、早退または欠勤した場合。

(3) 本就業規則その他、会社の諸規定に違反した場合。

(4) 会社内において性的な言動によって他人に不快な思いをさせたり、職場の環境を悪くした場合。

(5) その他前各号に準じる行為をした場合。

第7条（減給、出勤停止、懲戒解雇に該当する事項）

　従業員が次の各号のいずれかに該当する場合は、懲戒解雇とする。ただし、情状により減給または出勤停止にとどめることがある。

(1) 正当な理由がなく無断欠勤が14日以上に及んだ場合。

(2) 他人に対し暴行、脅迫を加え、またはその業務を妨害した場合。

(3) 職務遂行において、所属長の指示命令に従わず、越権専断の行為をした場合。

(4) 故意に店舗の施設または備品等を破壊した場合。

(5) 再度の譴責を受けながら、なおも職務に怠慢な場合。

(6) 会社または取引先および顧客に迷惑をおよぼす行為をした場合。

(7) 従業員または顧客の氏名、会社の信用、その他影響を及ぼす行為をした場合。

(8) 素行不良で著しく会社の秩序または風紀を乱した場合。

(9) 会社内において、他の従業員に対し性的な関心を示したり、噂を立てたり、性的な行為を仕掛けたりして、他の従業員の業務に支障を与えた場合。

(10) 本規則第○条に定める遵守事項に違反した場合。

(11) 会社内で不当な政治活動またはその他これに類する行為をした場合。

(12) その他前各号に準じる行為をした場合。

最重要項目とモデル事例

Check Point 1

遅刻、欠勤の減額は注意が必要！
労働基準法で認める範囲で

第3条にある（減給）の規定には運用で注意が必要です。

たとえば、遅刻を頻繁にするスタッフに対して、
遅刻1回につき減給1,000円などの制裁を科すケースもありますが、
本来は遅刻時間に相当する賃金額を控除しなければならないため、
遅刻した時間分を超えた減給は許されません。

懲戒処分のひとつとして「減給の制裁」として行う場合には、
遅刻1回○○円というやり方が認められますが制裁としては限界があります。
そのほかには、遅刻3回で1日分の賃金をカットするという方法もありますが、
この場合も1日の平均賃金の半分を超えている場合には
違法となるため注意が必要です。

規程例の第3条に「減給の額は、
一事案について平均賃金の1日分の半額とし、
複数事案に対しては減給総額が当該賃金支払い期間における
賃金総額の10分の1を超えないものとする。」とあるのが
労働基準法で認められて減給の範囲です。
これを超えた多額の賃金からの控除は、
労働基準法違反となることを理解しておいてください。

Section 4　サロンの就業規則の

書式6. 顛末書の作成例

平成○年○月○日

株式会社○○○
代表取締役　○○○○　様

氏名　○○○○　印

顛末書

　先日会社から指摘がありました、レジ金額の私的利用について下記の通り報告いたします。

記

1. 私的利用の期間
　　○年○月○日以降○年○年○日まで

2. 私的利用の金額
　　○○○○○○円（○年○月○日分）
　　○○○○○○円（○年○月○日分）

3. 具体的内容
　　営業終了後レジ締めの責任者として1日の収支計算を行っている中で数名の客の施術　金額を改ざんし、差額の売上金額を私的に使用する目的で着服いたしました。

以上

最重要項目とモデル事例

Check Point 1
労務管理は、できるだけ書面でのやりとりを意識する

サロンは常に現金を扱うことから、レジ締めの際に現金を不正に横領されるなどの事例も発生します。
通常であれば、こうしたスタッフは上記の第7条にあたる「懲戒解雇」となりますが、
その場合でも一定の手続きが必要です。

具体的には、本人に弁解の機会を与え、
そのあとで十分にその行為について検討を行ったかということです。
行為がいくら許しがたいものであっても、「懲戒解雇」について
手続きを踏んで進めていかなければなりません。

まず本人にその行為について報告させて、その上でサロンとして検討し、
改めて弁明の機会を設け、最終判断をする必要があります。
上記の書式6.「顛末書」は、
そのために本人に記入させる書式です。

この場合もポイントは、書面で残しておくことになります。
労務管理上の重要な手続きにあたる場合には、
あとでトラブルにならないよう、
書面でのやりとりを意識してください。

Owner Interview 2

開業25年を経て、社会保険の加入を果たしたという
『IMAGINE』のオーナー宇野正之さん。
きっかけは、実際にサロンで働くスタッフから、
人材確保の観点から加入の必要性を訴える声が上がったことにあった。
加入をきっかけスタッフの労務環境も大きく改善。
これまで以上に、スタッフが生き生きと仕事やお客様に向き合えるようになった。
改めて、サロンにとっての社会保険加入の意味について聞いてみた。

求人面での競争力を高める
社会保険への加入

――最初に、社会保険加入の経緯と背景についてお聞かせくださいますか？

はい、加入に関しては以前から考えていましたが、直接的な動機となったのは、美容学校の就職説明会に参加したスタッフからの意見でした。社会保険に未加入では、採用に影響が出ることを実感し、そのことを率直に伝えてくれたのです。

――なるほど、実際にサロンで働くスタッフが危機感を感じたわけですね？

美容学校の就職説明会に参加したのは初めてでしたが、大手のサロンも多く参加されていて、皆さん社会保険に加入されていたそうです。うちとしては、独自の教育制度や人材育成についてアピールはするのですが、学生さんの関心はまず働く環境や待遇面が多く、社会保険未加入ではいい人材を採用できないと感じたようです。

それだけでなく、私も初めて訪問する美容学校から「今は社会保険に加入していないと厳しいですよ」とはっきり言われました。

――美容学校の指導や学生の意識が昔と大きく違っているわけですね。

そうです。それで加入を避けて通れないと実感し、社会保険に加入してもサロンとして経営が成り立つのかどうか、秋田さんに相談してみたわけです。今思えば社会保険労務士という専門家のアドバイスを受けながら加入できたことが、結果的にとても良かったと思っています。

社会保険加入がもたらした
スタッフの変化

――実際に加入して、どんな変化がありましたか？

じつは求人面だけでなく、思いがけない部分の変化がありました。なかでも、実際に働いているスタッフにとって変化が大きいことに気がつきましたね。

例えば、サロンのお客様の中にも「今の会社で社会保険に入れてもらない」という方がいらっしゃって、スタッフが何気なく「うちは加入していますよ」と話したところ、お客様が、「保険料を半分会社がもってくれているのでうらやましい。将来も年金があって安心で、素晴らしいことだね」とおっしゃってくださったそうです。

スタッフも最初は社会保険に加入したことで、どんな影響があるのか実感できていない部分もあって、逆にお客様を通じて、安心して働けるサロンに勤めていることを理解できたようです。

また、スタッフが美容学校時代の友人と会ったときに「社会保険に加入していること」を話したそうですが、その友人のサロンでは加入していないことがわかり、自分が恵まれていることを改めて実感したそうです。

――スタッフの皆さんが加入の意味をきちんと理解してくれたわけですね。ただ、加入で給与の手取り額も少なくなるかと思いますが、その点は大丈夫だったのでしょうか？

宇野正之
（有限会社IMAGINE代表取締役）

Salon Profile

IMAGINE
1988年11月に埼玉県川越市に開業。美容室激戦区にあって長年地域のお客様に親しまれてきたサロン。09年に店舗の広さを2倍に拡張リニューアルし、1階、2階で営業。現在、スタイリスト5名、アシスタント3名で運営する。

まったく影響がなかったかとは言えません。ただ、出産を経験して社会保険加入の恩恵を受けた女性スタッフがいて、彼女を通じて他のスタッフも加入の大切さを理解してくれた面があり、現在はまったく問題ありません。実際に身近にそのような事例があると、理解も早いですね。本当にいい影響の方が大きいと感じます。

一人平均の月間売り上げ60万円で
社会保険加入を余裕を持ってクリア

── 今後のサロンの経営を考える上で、何かいい影響はありましたか？

人が採用しにくい時代になって、できるだけ今いるスタッフが長く安心して働けるサロンにしたいと考えています。できれば、定年まで勤めてもらいたいという強い思いもあります。ですから、社会保険加入ももっと早くに検討し踏み切るべきだったかも知れません。実際に加入を通じて、働く環境を見直すことができたことは、とても良かったと思っています。

── 具体的にはどういうことですか？

まず、休日数や給与制度の見直しが大きかったと思います。採用を考えると、社会保険加入だけでなく、週休2日の確保も大きな条件のひとつに感じます。労働条件は本人だけでなく親御さんも厳しくチェックされます。これからの採用を考える上では、社会保険加入も含めて、そういった働く環境面の競争力が欠かせない条件になってくると思います。

── サロンが社会保険に加入するには一人平均の月間売り上げで60万円程度は必要と言われますが、実際にはいかがですか？

そうですね。スタッフの人数にもよると思いますが、うちの場合には60万円あれば、余裕をもって社会保険加入をクリアできる状態だと思います。スタッフもそれを目指して頑張ってくれています。

サロンによって事情は異なると思いますが、「60万円」という数字は一つの目安にはなりますね。

── 社会保険加入の指導が2015年以降はより厳しくなることが予想されています。そんな中で、先を見据えて加入されたわけですが、将来に向けてどのように考えていらっしゃいますか？

幸いなことに今、ベテランも新人もスタッフみんなが「お互いにフォローしながら仕事をしていこうよ」という雰囲気が生まれています。社会保険加入を機に給与体系も固定給を中心に整備し直しましたが、誰かが忙しければ必ず他の誰かがフォローするという体勢になりました。自分のお客様という意識から、サロン全体のお客様という意識に変わって、個人でなはなく『IMAGINE』というひとつのチームとしてお客様のことを考え、サロン運営を考えるようなってくれています。

今後はますますその精度を高めながら、より強いチームワークを発揮していければと思っています。川越のお客様の一生を通じて、美容とライフスタイルのお手伝いに貢献していければと考えています。

Section 5　女性スタッフが安心して

新卒のスタッフ確保が年々難しくなっている今、
女性スタッフの雇用のあり方に改めて注目が集まっています。
そのために必要となるのが「出産や育児に直面しても安心して働けるサロンの体制づくり」です。
多くのサロンでは、出産や育児について消極的です。なぜなら、人件費などの負担を考えても、
退職してもらったほうが都合がいいからです。
しかし、こうした考え方では、いずれ人材調達の面で支障が出てくる状況になるでしょう。
美容という職業にとって、女性スタッフが安心して長く働ける環境をつくることは、
サロンの長期的な安定にもつながるはずです。
ここでは、経営者として知っておくべき出産や育児に関する制度と、
労務管理の具体例を紹介します。

働ける労務環境の整備

1 母性保護による出産前後の期間

雇用保険の加入が大前提

女性スタッフから「子供ができたので今後のことを相談したい」と言われたら、育児休業制度についてきちんと説明できますか？ 復帰を視野に入れた育児休業が取れる体制の整備は、サロンにとってもスタッフにとっても良い結果をもたらすはずです。女性が多い職場でもある美容室で実際に効果的な運用ができるようにしておくことが必要です。

ただし、その前に注意しておく点があります。最低限、雇用保険への加入は大前提になることを理解してください。既に述べたように雇用保険未加入は法律違反です。未加入では女性スタッフが育児で休業した期間の給付金ももらえません。

ここではその前提をクリアした上で、育児休業制度の枠組みを知り、どう利用するかについて紹介してます。

出産前後の期間と働き方

働く女性の妊娠、出産、育児については、法律でいろいろと定められています。ここではまず、サロンオーナーとして知っておかなければならない労働基準法上の扱いについて見ていきます。

はじめに、「出産前後の期間」の取り扱いです。女性スタッフが妊娠している場合、その働き方については法律上のしばりが発生します。また出産前と出産後でも異なってくるため、次ページの図1に紹介した内容を最低限理解しておく必要があります。

要約すると、出産日予定日を基準に「産前6週間（多胎妊娠の場合は14週間）」は、スタッフから休業の請求があった場合には働かせることはできません。休業の請求がなければ直前まで働いてもらうことが可能ですが、期間についてはスタッフとも十分相談をしながら無理のないよう働いてもらうことが現実的です。

出産日以降については、スタッフからの休業の請求の有無を問わず、6週間は働かせることはできません。また、産後6週間を経過した場合には、スタッフから働きたいとの申請があり、かつ医師が働くことに支障がないと認めた場合に働いてもらうことが可能です。

Section 5　女性スタッフが安心して

図1. 産前・産後の取り扱い（労働基準法第66条）

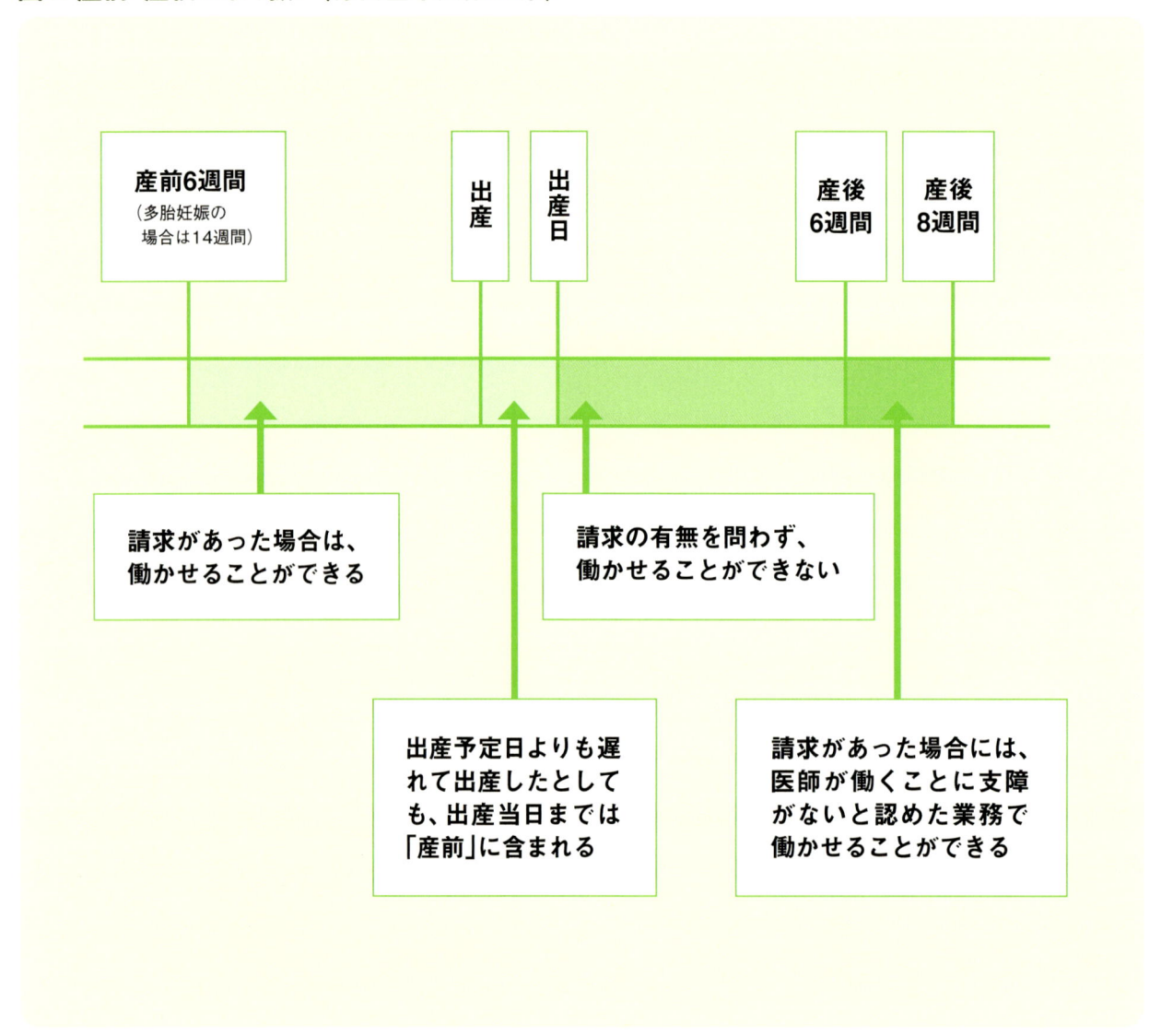

```
  産前6週間                  出   出               産後     産後
（多胎妊娠の                 産   産日              6週間    8週間
 場合は14週間）
     │                     │    │                │        │
     ▼                     ▼    ▼                ▼        ▼
  ┌──────────┐         ┌──────────┐          ┌──────────┐
  │請求があった │         │請求の有無を │          │          │
  │場合は、    │         │問わず、    │          │          │
  │働かせること │         │働かせること │          │          │
  │ができる    │         │ができない  │          │          │
  └──────────┘         └──────────┘          │          │
                   ┌──────────┐            ┌──────────┐
                   │出産予定日より │            │請求があった │
                   │も遅れて出産し │            │場合には、   │
                   │たとしても、  │            │医師が働くこ │
                   │出産当日までは │            │とに支障がな │
                   │「産前」に含ま │            │いと認めた業 │
                   │れる         │            │務で働かせる │
                   └──────────┘            │ことができる │
                                            └──────────┘
```

出産手当金の支給の有無

　次に健康保険から支給される産前産後に関する給付金です。被保険者である女性スタッフが出産のためサロンを休み、その間に給与の支払いを受けなかった場合には、出産の日（実際の出産が予定日後のときは出産予定日）以前42日（多胎妊娠の場合98日）から出産の翌日以後56日目までの範囲内で、サロンを休んだ期間を対象に出産手当金が支給されます。出産日は出産の日以前の期間に含まれます。また、出産が予定日より遅れた場合、その遅れた期間についても出産手当金が支給されます。図2がその対象期間です。

働ける労務環境の整備

図2. 出産給付金の対象となる期間

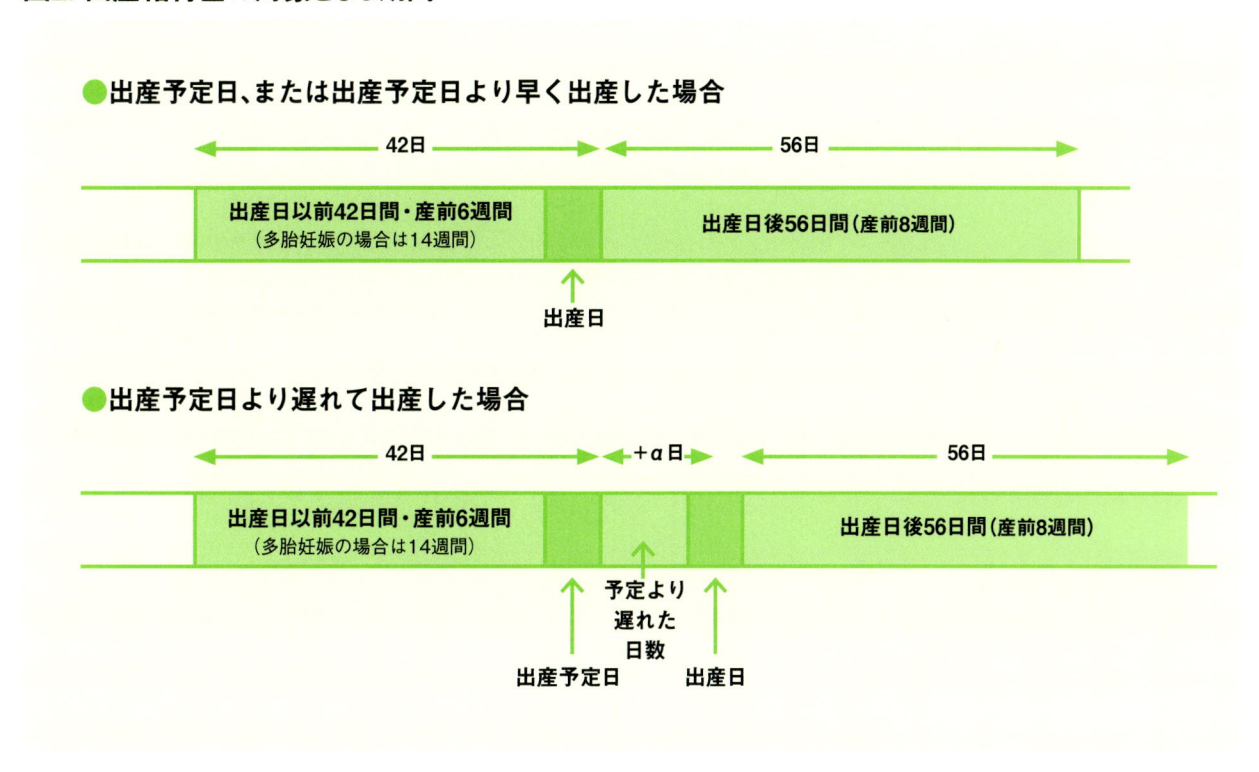

●出産予定日、または出産予定日より早く出産した場合

| ←――― 42日 ―――→ | ←――― 56日 ―――→ |

出産日以前42日間・産前6週間
（多胎妊娠の場合は14週間）　　　出産日後56日間（産前8週間）

↑
出産日

●出産予定日より遅れて出産した場合

| ←――― 42日 ―――→ | ←+α日→ | ←――― 56日 ―――→ |

出産日以前42日間・産前6週間
（多胎妊娠の場合は14週間）　　　出産日後56日間（産前8週間）

↑　　　予定より　↑
出産予定日　遅れた　出産日
　　　　　日数

　支給される金額は、1日につき被保険者の標準報酬日額の3分の2に相当する額になります。標準報酬日額は、保険料の算出基準となる標準報酬月額の30分の1に相当する額です。

　また、出産のためにサロンを休んだ期間にも給与の支払いがあり、給与額が出産手当金の額より少ない場合には、その差額が出産手当金として支給されます。

2 出産後の育児休業制度について

育児休業に関する基本事項

　無事に出産予定日を迎えた女性スタッフに対して、出産後に取る必要な措置が育児休業になります。

　育児休業は育児介護休業法で定められ、子を養育するための休業であり、子が1歳に達するまでの間、本人が申し出た連続した期間が対象となります。ただし、サロンに申し出れば誰でも育児休業を取得

Section 5　女性スタッフが安心して

できるわけではありません。法律上は、育児休業の対象とならない者を次のように規定していますが、サロンの場合には極めて限定的かもしれません。

除外できるのは、期間を定めて雇用している者（パートタイマーなど）で、①入社1年に満たないこと　②子が1歳に達する日を超えて雇用関係が継続しないことが見込まれること　③子が1歳に達する日からさらに1年を経過する日までに労働契約期間が満了し、かつ契約が更新されないことが明らかであること　となっています。

この他に、労使協定で規定すれば除外できるケースもあり、①入社1年未満の者　②申出の日から1年以内に雇用関係が終了することが明らかな者　③1週間の所定労働日数が2日以下の者　となっています。いずれも、そもそも育児休業が必要でないか、または働く日数が少ないため保護するまで至らないといったケースになります。

また、サロンとしてこれらのルールを明確にするためには、通常は育児介護休業規程を作成し、「どのような場合に、どのようにすればよいか？」を定める必要があります。

育児休業の期間について

次に、育児休業の対象となる期間について、説明します。

法律上は出産後8週間は産後休業です。この期間を経て、育児休業期間に入ります。**原則は、「子が1歳に達するまでの間で、本人が申し出た育児休業期間開始予定日から育児休業終了予定日までの連続する期間」です。**

ただし、保育所に入れないなど特別な事情がある場合には、最長で「子が1歳6か月に達するまでの期間」、育児休業を取ることが可能です。

思うように保育所の入園ができず待機児童が多い現状を考えると、最初から1歳6か月まで育児休業期間を前提に運営を検討したほうが良いかもしれません。

この他、父母ともに育児休業を取得する場合、通称「パパ・ママ育休プラス」という制度があります。両親が共に育児休業を取得するケースで、一定の要件を満たせば、特例として育児休業期間を、1歳から1歳2か月まで延長できます。具体例としては、妻の出産直後に夫も休暇を取得し、一旦仕事に復帰した後でも、必要に応じて再度育児休業を取得できる制度になっている。ただし、休業期間は通算して1年が限度となっています。

以上の育児休業期間についてまとめたのが図3になります。これらの期間は、女性スタッフの出産と育児休業に対し、サロン側がどう対応するかを考える上でとても重要な期間となってくるのでぜひ把握しておいてください。

働ける労務環境の整備

図3. 育児休業の対象となる期間

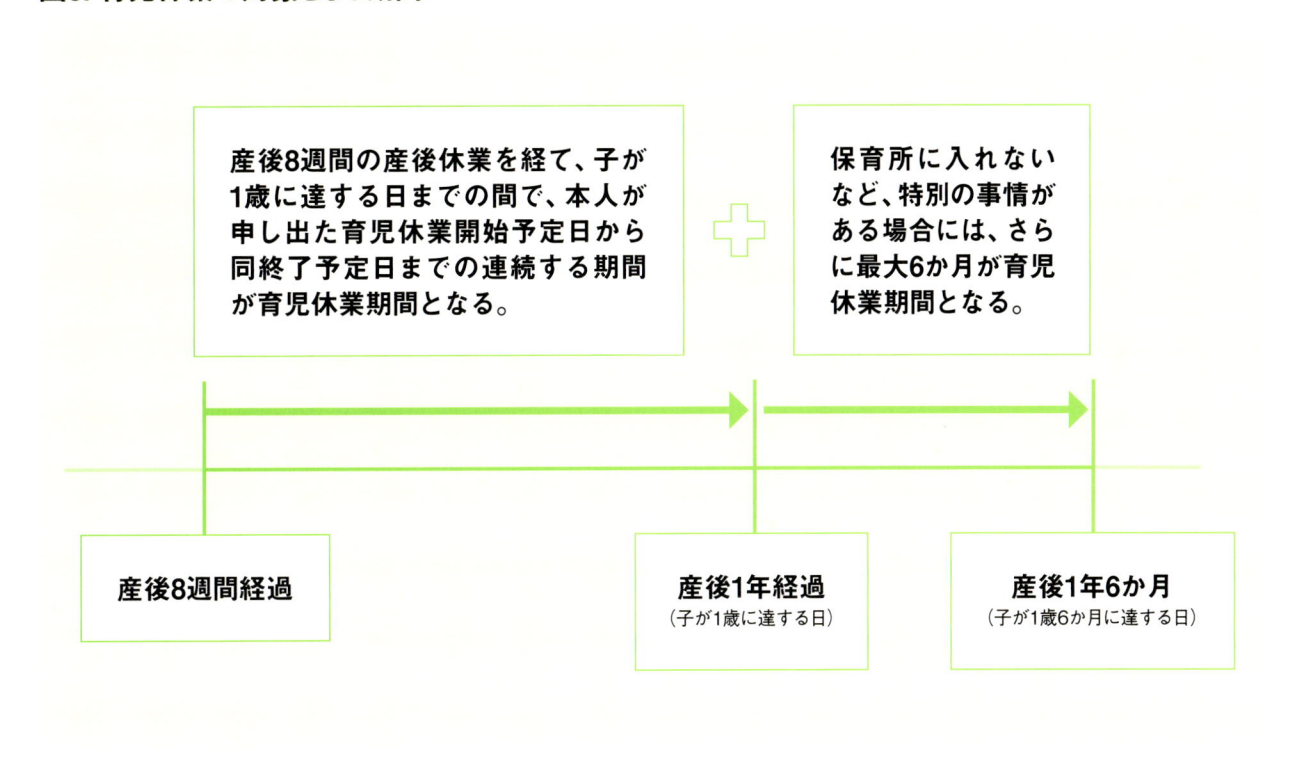

産後8週間の産後休業を経て、子が1歳に達する日までの間で、本人が申し出た育児休業開始予定日から同終了予定日までの連続する期間が育児休業期間となる。

＋

保育所に入れないなど、特別の事情がある場合には、さらに最大6か月が育児休業期間となる。

- 産後8週間経過
- 産後1年経過（子が1歳に達する日）
- 産後1年6か月（子が1歳6か月に達する日）

雇用保険による「育児休業給付金」

「育児休業給付」とは、雇用保険に加入しているサロンのスタッフ（一般被保険者）が1歳または1歳2か月未満、また保育所に入園できないなどの特別な事情がある場合には1歳6カ月未満の子を養育するために育児休業を取得した場合に支給される給付金です。雇用保険は、人を雇い入れている場合必ず加入しなければならない労働保険（労災保険と雇用保険）になります。

条件として、**休業開始前の2年間で、賃金支払いの基礎日数が11日以上ある月が12か月以上あれば、受給資格の確認を受けることができますが、過去に既に受給資格の確認を受け給付を受けている場合、その後の期間のみが対象となります。**

この条件を満たした上で、育児休業期間中にサロンから受け取る月の給与が、**①休業開始前の1か月当たりの金額の8割未満であること　②就業している日数が各支給単位期間（1か月）ごとに10日以下であること　③休業終了日が含まれる支給単位期間（1か月）は、就業している日数が10日以下で休業日が1日以上あること**　の要件を満たす場合に支給されます。

特に注意すべき点は下線部分です。単に雇用保険の被保険者であればいいと言う訳ではなく、過去

Section 5　女性スタッフが安心して

に被保険者であった期間が問われるからです。

例えば、中途で採用した女性スタッフが育児休業を申し出て、同時に育児休業給付の申請をしようとしたところ、以前に勤務していたサロンで雇用保険に加入していなかったため、「過去2年間で12か月以上」という条件を満たせず育児休業給付金を申請できなかったケースもあります。

労働基準監督署とハローワークを通じて以前に勤務していたサロンに、労働保険の加入督促をお願いしましたが、おそらく先方のサロンにとっては、思いもよらない指導が入り相当な混乱があったと想像できます。本来加入すべきものはきちんと加入しておくことが大切です。

育児休業からの復帰と働き方

女性スタッフが育児休業を終えて職場復帰する際にサロンオーナーとして考えなければならないのが、休業前と同じような勤務状態が可能なのか？　それとも、勤務時間を短縮して働いてもらうのか？　という問題です。つまり、本人がフルタイムで働ける場合は何の問題もありませんが、朝や夕方などの働く時間を短くしたいという要望がある場合、サロンとして応じることが可能かどうか、あらかじめ検討しておく必要があります。

現実的には、働く時間を短縮し復帰するケースがほとんどのため、サロンとしてはそれが可能な仕組みを制度として用意しなければなりません。当然、他のスタッフの理解も必要です。若い女性スタッフが多いサロンにとって、「出産や育児に理解もあって、安心して長い間働ける」という環境は不可欠です。

産休後の勤務時間短縮の具体的な理由は、①朝と夕方、子供を保育所への送り迎えする時間がほしいこと　②保育所からの急な呼び出しがあった場合に早退が可能なこと　の2点に絞られます。

①に対応する手順としては、まず「短時間勤務」の基本パターンを用意しておくことです。ただし、スタッフの要望に合わせるだけでは、組織としての全体の規律が保てなくなるので、出産後のスタッフの実際の生活パターンを丁寧にヒアリングして、「1日何時間働くか」を先に決めることが重要です。

例えば、1日6時間勤務を基本パターンにして、日によって5時間や7時間などのパターンを提示し選んでもらうのです。勤務パターンを決めておかないと、働き方が流動的になり、他のスタッフから見ると本人のわがままが通っているような印象になるため、サロンとしてルールを統一しておくことが大切です。

基本パターンが決まれば、次は始業と終業の時刻になります。つまり、何時に来て何時に帰るかですが、1日何時間働くかが決まれば、日によって流動的でも差支えないでしょう。実際には、保育所の送迎時間によって自ずと決まるかと思います。

次に、勤務時間の短縮とあわせて考えなければならないのが賃金です。短縮した時間に応じて賃金を減額することも相談しておかなければなりません。例えば、フルタイムで8時間の労働を1日6時間に短縮した場合、2時間分の賃金の減額となります。具体的には月の固定給を時給換算し、実労働時間を掛けた額を月の賃金として支給することをお勧めします。この場合、以下のような規定を定めておくことが必要です。

働ける労務環境の整備

[規定例]

第○条（短時間勤務制度利用時の賃金）
　短時間制度の適用を受ける間の給与については、別途定める賃金規程に基づく基本給および諸手当を時間換算した額を基礎として、復帰後の勤務状況および職務内容に応じた実労働時間分の基本給および諸手当を支給する。

女性活用の視点からも社会保険に加入

　最後に、これまで見てきた女性の妊娠・出産・育児に関する法律上の取り扱いを、図4に整理しました。

　社会保険に未加入のサロンの場合、福利厚生面のフォローも足りず、妊娠・出産をきっかけに、休業ではなく一度辞めてもらうことにつながっているケースが大半です。復帰も純粋な意味の復帰ではなく単なる再雇用に過ぎません。

　一方で、「女性スタッフが安心して長く働ける、きちんとしたサロンを作りたい」という、若い世代のオーナーが増えています。女性が働きにくいサロン経営をこれからも続けるのか？　それとも新しい経営スタイルを取り入れるのか？　多くのサロンにとって女性の継続雇用が過渡期にあることは事実です。

　ただし、何度も申し上げてきたように、女性スタッフの永続的な活用は、今後の採用難を克服していく鍵となることは間違いありません。女性が安心して働ける環境整備を進め、他に先駆けて実績を作ることはサロン経営に直結します。そのためにも、社会保険の加入は避けて通れない時代になっています。

図4. 妊娠・出産・育児に関する社会保障と関連法規

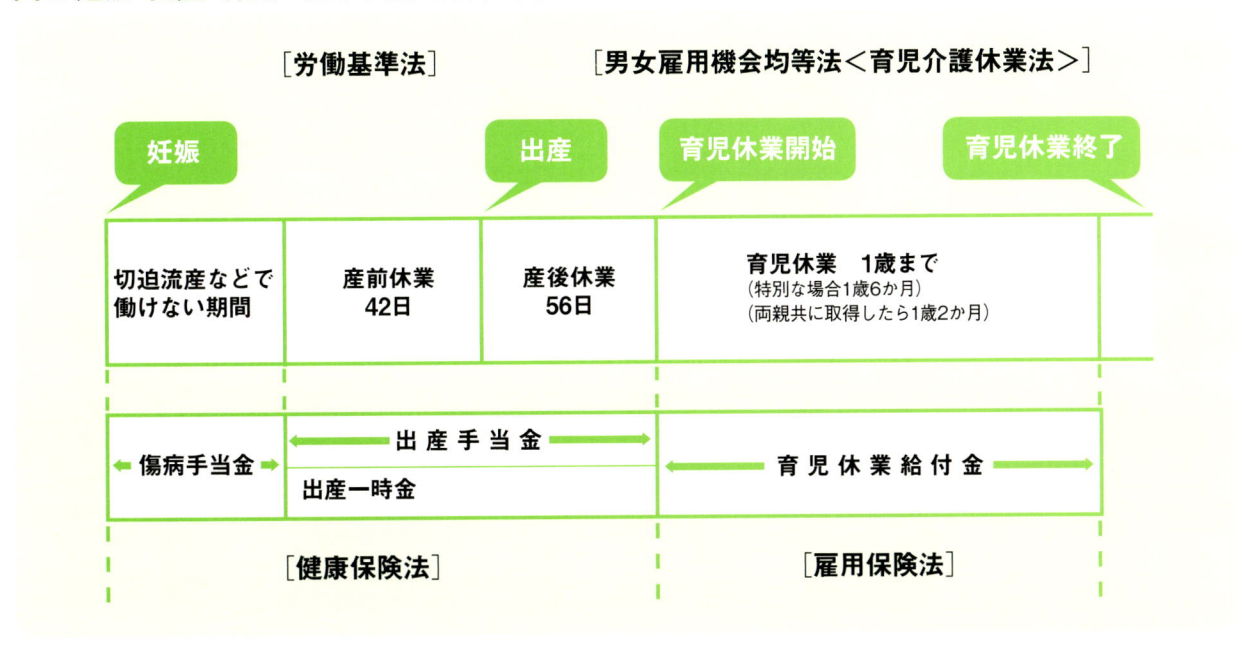

	[労働基準法]		[男女雇用機会均等法＜育児介護休業法＞]
	妊娠	出産	育児休業開始　　育児休業終了
切迫流産などで働けない期間	産前休業 42日	産後休業 56日	育児休業　1歳まで（特別な場合1歳6か月）（両親共に取得したら1歳2か月）
←傷病手当金→	←出産手当金→ 出産一時金		←育児休業給付金→
	[健康保険法]		[雇用保険法]

Section 6　サロンにフィットした

サロンの労務管理は、人材育成と密接に関連します。

それだけにスタッフの評価のあり方が重要です。

Section 1の課題でもあげたように、新卒者の減少と早期の離職者増といった

2重の人材難の時代に直面する今、貴重な人材をどのように育て定着させるかが問われます。

ここで紹介する評価制度のポイントは、サロンの実情に合わせた基準を整理して、

スタッフの具体的な行動指針として落とし込み、実行出来ているか、

出来ていないかというシンプルな視点に基くことです。

査定ではなく客観的な評価を基にプラスαの効果をどうもたらすか？

以下にその具体的な設計法と運用例を紹介します。

評価制度とフィードバックの活用

1　今なぜ、サロンにフィットした「評価制度」が必要か？

評価の目的は人材育成
意識や行動の改善に有効活用する

　サロンでは、お客様の評価がそのまま客数や売り上げといった数字にストレートに現れます。そのため、改めて「評価制度」と言われてもピンとこないかもしれません。

　一般的に評価制度の主な目的は、「人材育成」にあります。サロンにとって評価制度が重要となるのもこの点です。

　例えば、挨拶を率先して出来ないスタッフがいたとします。このスタッフに日々、「ちゃんと挨拶をしようね」と促し、指導したとしてもなかなか改善しないのではないでしょうか？　また、「わからないことは自ら先輩に聞こう！」と何度も言っても、すぐには行動できないものです。つまり、口頭でいくら繰り返し指導しても、なかなか行動が改善しないのが人の常です。

　サロンに合った評価制度とは、こうした日々の行動や仕事に対する姿勢を、明確に意識させることが目的の一つです。例えば、「朝は大きな声で挨拶をしよう」という行動が評価の一つとなる場合には、よほどいい加減なスタッフでない限り、意識して心掛けるはずです。周りから低い評価をされたくないという気持ちは誰もが持っているからです。

　また評価制度にこうした行動を落とし込むことで、自分のことだけでなく他のスタッフとの比較も容易になり、「負けたくない」という競争意識も生まれます。つまり、他者と自分を照らし合わせながら、現状や成長を判断することが可能になるのです。

　サロン全体で意識していることや、スタッフに特に心がけたり、改善してもらいたい行動を評価項目に取り入れることで、日々のサロンワークや行動について意識するようになり、結果的に行動も変えていくツールとなるのが「サロンに合った評価制度」です。

　何を重要視するかはサロンの実情によって異なりますが、一つひとつの行動を細かく分類し、評価の項目として整理して、示していくことが大切です。

2　ゆとり世代の特徴に合った効果的な評価制度の運用

ゆとり世代の5つの特徴と
サロンの人材育成

　評価制度を上手に活用すれば、ここ数年特に目立ち始めている、新卒スタッフの早期離職の問題にも対応できます。つまり、新しく社会に出てくる若い世代の特徴や傾向を考えると、より客観的な評価とフォローアップが必要になっているからです。

Section 6　サロンにフィットした

　サロンの離職の問題は昔から数多く見られましたが、特に若者の早期離職が特に顕著に言われるようになったのは、いわゆる「ゆとり世代」が社会に出るようになってからです。

　ゆとり世代とは1988年から2000年にかけて生まれた世代を指します。学校教育にゆとりを持たせることを目的に、休日を増やし授業時間を減らすなどの教育制度改革が行われました。詰め込み型の教育から脱却し、のびのびと生活できるように配慮されましたが、現在では逆にその弊害も、当の本人たちに関係のないところで様々に指摘されるようになりました。

　サロンを経営する上でも、このゆとり世代にきちんと向き合うことが非常に重要な問題であることに変わりはありません。

　そこで、改めてこの世代の特徴的な傾向について『ゆとり世代を即戦力にする50の方法』(井上健一郎／高橋書店)を参考に紹介します。

図1. ゆとり世代に見られる大きな特徴

安全志向が強い	自分なりの選択基準を持っている
迷いが多く決断ができない（答えは探すもの）	情報の影響を受けやすい

中央：「他人の意見や評価」に影響されやすい

　第一に、「安全志向が強い」ということです。景気が低迷し消費意欲が減退する中で彼らを育ててきた親の世代は多くを望まず、子供の「安心・安全」を第一に考えてきました。その結果、素直で品行方正ながら、貪欲さや野性的なエネルギーに欠ける世代とも言われます。

　次に、「何事も比較検討して決める」という特徴を持ちます。モノや情報が溢れる世の中で育ち、物事の選択にあたっても多種多様な基準に事欠かない環境がその理由です。例えば、食事ひとつ取っても、様々なガイドブック、ネットでの検索や口コミサイトに評価があふれ、お店選びが楽です。比較検討がたやすくできる世の中で育ち、何かを選ぶ時に「自分で考え、迷う」ことはほとんどありません。つまり、「必要な答えは探すもの」で、「答えを自分で考え、迷う」ことに慣れていないのです。

　また、そのため「他人の情報による影響を受けやすい」という特徴も持ちます。ネットをはじめ他人の情報が気になるため、「人が自分をどう思っているのか？」についてとても気にします。例えば、就職するサロンはどういうところなのかについてもネットで検索し、本来、見ず知らずの人の評価を参考にすることにも抵抗がありません。つまり、「他人の意見や評価に影響されやすい」のです。

評価を通して、「出来ていること」、周りの期待をきちんと伝える

　ゆとり世代の早期離職を減らし、効果的な人材育成をはかるためには、まずこれらの特徴を踏まえた上で、評価制度を検討する必要があります。

評価制度とフィードバックの活用

特に、最後にあげた「他人の意見や評価に影響されやすい」という特徴は、評価制度を効果的に運用する上で大いに期待が持てます。

なぜなら、オーナーや店長、そして先輩スタッフが自分のことをどのように見ているかがとても気になるからです。早期離職やサロンに定着できないものも、コミュニケーション不足から来る、周りの評価と自らの評価とのギャップが根底にあります。評価制度を効果的に運用すれば、そのギャップも埋まります。

実際の評価にあたっては、「出来ていること」をきちんと評価しながら、「出来ていないこと」に対しても周りがどのように期待しているかを伝えることができます。そうすると、スタッフも安心感が生まれ、サロンへの信頼感が増し、離職は減ります。

3 サロンにフィットした評価制度の具体例

大項目→中項目→小項目で評価項目を整理

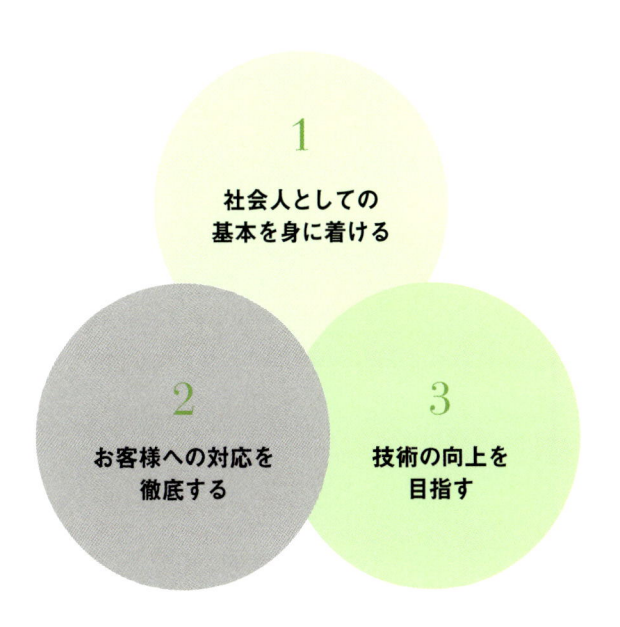

それでは、実際に「サロンに合った評価制度」の設計とその具体例を紹介します。基本的な目的はサロンで必要な人材育成にあるため、その柱は図2のように3つに整理できます。

1つ目が「社会人としての基本を身に付ける」、2つ目が「お客様への対応を徹底する」、3つ目が、「技術の向上を目指す」です。

もちろんサロンの実情に合わせて、もっと多くの柱を用意しても構いません。ただし、あまりに多くなると評価する側の負担も増えるため、実際の運用に耐えられる程度に絞り込みましょう。

具体例として1つ目の「社会人としての基本を見に着ける」を大項目に、中項目→小項目へと分解してみます。次ページの表1がその例になります。

図2. サロンの評価制度の3つの基本

1. 社会人としての基本を身に着ける
2. お客様への対応を徹底する
3. 技術の向上を目指す

Section 6 サロンにフィットした

表1. サロンに合った評価項目の設定の具体例

大項目	1. 社会人としての基本を身に着ける

⬇ 大項目を中項目に分解する

大項目	1. 社会人としての基本を身に着ける
中項目	［1］サロンにおける基本マナー
	［2］報告・連絡・相談
	［3］周りへの配慮
	［4］信頼を得るための基本姿勢

⬇ 中項目をさらに小項目に分解する

中項目	［1］サロンにおける基本マナー
小項目	・わからないことがあれば自ら先輩に質問する
	・出勤時は元気よく挨拶をする
	・お客様が来店されたら笑顔であいさつする
	・敬語をただしく使う
	・服装はいつも清潔に保たれて印象を与える
	・失敗をした時は言い訳をしないできちんと謝る
	・周囲が不快な思いをする香水は控える

評価制度とフィードバックの活用

　最終的に小項目では「行動レベル」まで落とし込むことになります。できるだけ細かく行動を分析していきましょう。実際の評価にあたっては、「出来ているか、出来ていないか」で明確に判断するため、行動レベルに落とし込んだ評価項目でないと意味がありません。

　表1にあるように「わからないことがあれば自ら先輩に質問する」という小項目が行動レベルの評価になります。スタッフに具体的に取ってほしい行動を評価項目とすることで、サロン側とスタッフの双方で認識を同じにすることができるのです。

シンプルな評価と
丁寧なコミュニケーションがポイント

　一般的な評価制度との違いは、評価そのものに「A〜E」「1〜5」といったランク付けを行なわない点です。試験の結果のように点数が出るわけではないので、段階的な評価は現実的でありません。評価する側の基準を統一するのに苦労したり、評価のための評価に終わってしまう恐れも出てきます。

　例えば、下の表2のような評価制度では、「お客様に居心地のよさを与える会話ができる」という評価項目に対し、「C」と評価されても「A」や「B」の評価を得るために具体的にどうすればいいのか不明です。指導する側にとっても明確な説明が難しいと思います。

　これに対して、次ページの表3のように一つひとつの評価項目を行動レベルにまで落とし込み、それについて「出来ている＝○」か、「出来ていない＝×」かでシンプルに示すことで、評価されるスタッフも何ができて、何ができていないか明確になり、意識が変わってきます。

　また、必ずやって欲しいことと、できればやって欲しいことを分けて、作成することもポイントです。色で網掛けしてある部分が、「必ずやって欲しいこと」であり、網掛けのない部分が、「できればやって欲しいこと」です。あまりたくさん盛り込み過ぎないようにして、スタッフが意識しやすいように項目を整理することがポイントです。

表2. サロンに不向きな評価制度

評価項目	評価の基準	評価内容	
お客様との会話力	お客様に居心地のよさを与える会話ができる	A　大変良くできている	
		B　だいたい出来ている	
		C　何とか出来ている	
		C　あまり出来ていない	
		D　まったく出来ていない	

Section 6　サロンにフィットした

表3. サロンに合った評価制度

評価項目	評価の基準	達成内容	○×で評価
お客様との会話力	お客様のことを第一に考え、お客様が来店して良かったと思えるような受け応え、会話ができること	お客様の話を熱心に聞く	
		お客様の目をきちんと見て会話する	
		知的好奇心があり、新しい情報の吸収に積極的である	
		相手を敬い、さりげなく褒めたり共感したりできる	
		感謝の気持ちを素直に伝えられる	
		お客様に関心を持ち、積極的に話しかける	

　サロンに合った評価制度は、サロンとして何を大切にしているのかを表現し、「これができればうちの美容師としては優秀なんだよ」ということをスタッフに明確に伝えることができます。誰もが人に認めてもらいたいという素直な気持ちがあり、ゆとり世代は特にこの傾向が強いと言えます。つまり、そうした気持ちをマネジメントするために「評価制度」を上手に活用するのです。

　以下には、いくつか評価の事例を紹介しますが、年に2回程度、この評価制度を使い、スタッフにフィードバックすることで、ふだんからスタッフに対する丁寧な観察が必要になります。きちんと見ていることを伝えることで、信頼関係づくりにも役立ちます。

　特に入社して間もないスタッフには、評価制度を通じていかに上手にサポートしていくかがポイントになります。「出来ていること」や「スタッフの良い面」を褒めてあげることも、評価制度を通して抵抗なくできるため、良質な会話が重なり、コミュニケーションのギャップを解消していきます。

評価制度とフィードバックの活用

> サロンで使える評価の具体例

例1. マナーと言葉使い

美容は接客業でもあり、基本的な言葉づかいやマナーはとても大切です。入社時に研修や教育を行う例は多いですが、時間の経過や仕事に対する馴れから、ついついおろそかになる部分です。評価項目の一部として組み入れることで、常に意識できるようにしておくことが可能です。スタッフは、オーナーや店長から褒められたい気持ちも持っているはずですから、自ずと意識は高まります。

評価項目	評価の基準	達成内容	○×で評価
マナーと言葉づかい	お客様や他のスタッフに不快な印象を与えないよう、社会人としてのマナーをわきまえた適切な行動を心がけ、状況に応じた品位ある言葉づかいをする	常に清潔で、かつ常識的な身だしなみを心がけている	
		誰にでも挨拶がきちんとできる	
		敬語を正しく使える	
		言葉づかいが丁寧である	
		電話や接客でも丁寧な対応をしている	

例2. 仕事に臨む基本的な姿勢

やや抽象的な項目になりがちですが、スタッフが仕事に臨む基本的な姿勢や意識は特に重要です。できれば、どういう意識で仕事をして欲しいのかを、できるだけ明確に評価できるようにしておくことがポイントになります。サロンとして大切にしていることを、具体的にわかりやすく表現することが大切になります。

評価項目	評価の基準	達成内容	○×で評価
仕事に臨む基本的な姿勢	美容師の仕事に必要な、基本的な姿勢や態度を身に付けていること	不平や不満を言わず、自分の感情をコントロールして仕事をする	
		人が嫌がるような仕事に対しても、前向きに取り組む	
		単調な仕事でも飽きずに、我慢強く続ける	
		周囲から評価されたい気持ちを持っている	
		常に好奇心や向上心を持って、仕事に取り組む	

Section 6　サロンにフィットした

例3. 業務の指示に対する反応

サロンワークでは様々な業務の指示が飛び交います。一つひとつの指示に対して、スタッフが的確に対応できるかどうかで技術やサービスの質が左右されます。日々の朝礼や終礼などで徹底はしても、スタッフが継続的に意識できているかどうかについては難しい面もあります。評価項目の中で具体的に示すことで、マニュアル化もはかれます。どういう場合にどのように対応し行動すればいいのかを予め整理しておくことで、スタッフも常に意識すべきことが整理でき、実践しやすくなります。つまり、サロンとして守るべきルールが明確になることにつながります。

評価項目	評価の基準	達成内容	○×で評価
業務の指示に対する反応	サロンの仲間として働く上で、オーナー、店長、先輩の指示をきちんと理解し、問題なく行動することができること	オーナー、店長、先輩等からの業務の指示に対し、不明な点があればその場で確認する	
		難しい業務の指示に対しても、前向きに受け止め努力する	
		業務の指示を真剣に聞いて、一生懸命理解しようとする	
		緊急を要する業務の指示については、他のことに優先して実行する	
		指示された業務を上手くできなかった時は、素直に反省し改善を図ろうと努力する	

スタイリスト登用にも評価制度を上手に活用する

サロンオーナーの中には、「給与に連動しない評価制度は意味がない」と考える方もいらっしゃるかも知れません。しかしながら、この「評価制度」では賞与と連動させたり、スタイリストへの登用時の基準としても活用することが可能なことを、最後に付け加えておきます。

客数や売り上げに応じた変動が大きい毎月の給与より、年に1回、2回の賞与時に、日々の行動の評価に応じて差をつける方が、サロンが求める人材像もより明確にすることも可能です。

また、「出来ている」項目をプラス、「出来ていない」項目をマイナスで点数化することも可能なため、スタイリストとして登用の条件として一定の期間の評価がどのくらいならばOKとすることも可能です。技術課題はクリアできても、仕事に対する姿勢やお客様への対応が芳しくなければスタイリストになれないことを明確にできるため、より効果的な人材育成が可能です。

何より、サロンに合った評価制度はスタッフとのコミュニケーションのツールとなり、様々なフィードバックに効果的です。オーナーを始め、サロンの全員が新

評価制度とフィードバックの活用

人のスタッフにきちんと向き合いコミットすると同時に、1人ひとりのスタッフを常に見ていることを伝え、サロンに合った人材育成を可能にしてくれます。

ぜひ、どんなサロンを目指すのかを整理しながら、そのために必要な目標や行動の指針を絞り込み活用していただければ幸いです。

巻末資料

サロンで活用できる助成金

　ここでは、サロンの労務環境の改善に役立つ助成金についていくつかご紹介いたします。

　ただし、助成金の制度設計は国や行政の年度の方針によって新設されたり、廃止されたりすることがあるため、ここで取り上げた助成金が必ずしも将来にわたって申請できるわけではありません。いずれも平成26年7月時点で申請可能な助成金となります。

　通常、助成金は事業年度ごとに見直しが行われ、毎年4月から6月くらいを目安に厚生労働省のホームページでも情報公開されます。

　同じ助成金でも年度が変わると支給要件等が変更になることもありますので、必ず最新の情報を確認の上、申請手続きを進めてください。ホームページは「厚生労働省→各種助成金・奨励金等」http://www.mhlw.go.jp/seisakunitsuite/joseikin_shoureikin/　となります。

　さて、助成金は公的機関から支給されるため返済不要です。ただし、受給要件が厳格に定められているため、申請する場合には条件等に注意して進めていくことになります。

　例えば、申請以前に「すでに該当する職業訓練などを開始していた」場合には受給の対象にならないなど、「時期」に関する条件は特に大切です。他の条件を全てクリアしていても、すべて台無しになることもありますので、十分に注意が必要です。

　定期的に、厚生労働省のホームページで確認されることを重ねてお勧めしておきます。

サロンで活用できる助成金

助成金の種類	子育て期短時間勤務支援助成金 ↓	キャリア形成に関する助成金 ↓	中小企業労働環境向上助成金（個別中小企業助成コース）↓
どんな助成金か？	子育て期の労働者が利用できる短時間勤務制度を導入し、その対象者が初めて出てくる場合に利用できます。	例えば、Off-JTで行われる訓練（20時間以上）を実施する場合など、サロンで職業訓練などを計画的に行う場合に活用できます。	①評価制度、処遇（キャリアパス）制度、昇進・昇格基準、賃金体系、諸手当等の制度や基準の整備導入を行う場合 ②研修体系制度 新入社員研修、幹部研修等を行う場合 （1人10時間以上の教育訓練） ③健康づくり制度 法定外の健康診断以外の健康づくりに資する制度を導入する場合（人間ドック、腰痛健康診断等）
どう活用できるか？	育児休業から復帰したスタッフを対象に、短時間勤務制度を導入するケースで活用できます。実際に育児休業規程などを作成し制度化することが必要です。	サロンの場合には、外部で行われる技術講習などにスタッフを参加させている場合もあるため、対象となる可能性があります。	上記①〜③を新たに導入する場合に利用でき、サロンでも活用できる幅が広い助成金です。
支給対象となる経費	―	社外講師への謝金、受講に際して必要となる入学料、受講料、教科書代など	―
どのくらいの助成額か？	短時間勤務制度導入から5年間 1企業あたり5人まで 制度利用者 1人目→40万円 制度利用者 2人目以降→10万円	受講時間に応じた賃金助成 一般型訓練の場合 ・1人1時間当たり400円を賃金助成 ・要した経費の3分の1を助成 ※助成額には上限があります	①→ 40万円 ②→ 30万円 ③→ 30万円

なるほど、そうだったのか！

人がやめない店づくり

美容室・はじめての労務管理と就業規則

著者
秋田繁樹

特定社会保険労務士（東京都社会保険労務士会所属）。秋田社会保険労務士事務所代表。国内生命保険会社、大手企業のシステムインテグレーターなどを経て、独立開業。人事労務のスペシャリストとして通常の社会保険労務士業務の他、多店舗展開の美容室の労務管理や就業規則・社内規定などにも詳しく、多数の美容室の指導相談に当たる。
URL　http://www.akita-sr.com

Art Direction&Design
朝倉　悠 [byu graphic]
小林雅直 [BOLD GRAPHIC]

Illustration
来迎純子

Editor
渡邊龍朗 [新美容出版]

定価　本体3,800円＋税　検印省略
2014年10月24日　第1版発行

発行者　長尾明美

発行所　新美容出版株式会社
〒106-0031　東京都港区西麻布1-11-12
編集部　TEL：03-5770-7021
販売部　TEL：03-5770-1201／FAX：03-5770-1228
http://www.shinbiyo.com
振替　00170-1-50321

印刷・製本　太陽印刷工業株式会社

©SHINBIYO SHUPPAN Co;Ltd. Printed in Japan 2014
本書の無断転載・複写を固く禁じます。